Königs Erläuterungen und Materialien

Band 160

Erläuterungen zu

Heinar Kipphardt

In der Sache J. Robert Oppenheimer

von Horst Grobe

Bange Verlag

Über den Autor dieser Erläuterung:

Horst Grobe, Jahrgang 1944, Studium der deutschen und englischen Philologie, der Philosophie und der allgemeinen Sprachwissenschaften (Bonn 1963–69), Fremdsprachenassistent in Großbritannien (1966/67), Referendariat (Aachen 1969/70), Tätigkeit im gymnasialen Schuldienst in Nordrhein-Westfalen in verschiedenen Funktionen seit 1969, Dr. phil. (Bochum 1993).

2. Auflage 2005
ISBN 3-8044-1774-4

Titelabbildung: Heinar Kipphardt
Druck und Weiterverarbeitung: Tiskárna Akcent, Vimperk

Vorwort

Heinar Kipphardts Drama *In der Sache J. Robert Oppenheimer* gehört zu den herausragenden Texten der neueren deutschen Literatur. Zeitweise war es das meistgespielte Bühnenstück, das auch im Ausland viel Beachtung fand; der Text wird immer wieder aufgelegt, und im Deutschunterricht hat es seinen festen Platz gefunden. Am Beispiel des Physikers J. Robert Oppenheimer, der die Atombombe entwickelte, thematisiert es die Verantwortung und Rolle des modernen Naturwissenschaftlers. Dass das Stück darüber hinaus viele Aspekte enthält, die seit seiner Entstehung im Jahre 1964 in der politischen und gesellschaftlichen Diskussion der Bundesrepublik Deutschland eine Rolle spielten, sicherte ihm eine lang anhaltende Aktualität. Das Stück steht nicht nur im Gespräch mit den geschichtlichen Voraussetzungen für das Atomproblem in der Zeit des Zweiten Weltkrieges und des Kalten Krieges, sondern auch mit themengleichen Stücken, von denen B. Brechts *Leben des Galilei* und F. Dürrenmatts *Die Physiker* die bedeutendsten sind. Sie unterscheiden sich über ihre grundsätzliche Positionen hinaus in der Darstellung der Wirklichkeit und ihren ästhetischen Konzepten. Kipphardt hat den Text zunächst als Fernsehspiel geschrieben und mehrfach für die Bühne umgearbeitet. Er liegt daher in verschiedenen Fassungen vor. Der Text ermöglicht die Einbettung in viele Lese- und Fragekontexte. **Die vorliegenden Erläuterungen und Materialien beziehen sich auf den Text der Aufführung am Deutschen Schauspielhaus Hamburg von 1977, der in der edition suhrkamp, Nr. 64, erschienen ist.** Diese Darstellung möchte die Lektüre und Einarbeitung in den Problemhorizont von Heinar Kipphardts *In der Sache J. Robert Oppenheimer* durch Hinweise fördern.

Horst Grobe

1. Heinar Kipphardt: Leben und Werk

1.1 Biografie

Jahr	Ort	Ereignis	Alter
Kindheit und Jugend			
1922	Heidersdorf (Schlesien)	Heinar Kipphardt am 8. 3. geboren	
1928–32	Gnadenfrei (Schlesien)	Besuch der Volksschule	6–10
1933–37		KZ-Inhaftierung des Vaters, Anordnung, Schlesien zu verlassen	11–15
1936	Duisburg	Schulwechsel	14
1937	Krefeld	Umzug der Familie, Schulwechsel	15
1940	Krefeld	Abitur, Berufswunsch: Arzt, Arbeitsdienst in Karlsbad und Günzburg/Donau	18
Kriegszeit und Berufsausbildung			
1941	Bonn, Köln, Düsseldorf	Medizinstudium	19
1942–45		Kriegsdienst, Einsatz an der Ostfront, kurze Studienaufenthalte in Breslau	20–23
1943		Eheschließung mit Lore, geb. Hannen	21
1945	Krefeld	Umzug mit Familie 23	23

Jahr	Ort	Ereignis	Alter
1945–47	Düsseldorf	Medizinstudium, Abschluss: Staatsexamen	23–25
1947–49	Krefeld	Assistenzarzttätigkeit (Städtische Krankenanstalten) und Düsseldorf-Grafenberg (Psychiatrische Klinik)	25–27
1950	Düsseldorf	Promotion zum Dr. med.	28
Jahre in der DDR			
1949	Berlin	Umzug nach Ost-Berlin	27
1949–50	Berlin	Assistenzarzttätigkeit an der Charité, Fachrichtung: Psychiatrie	27–28
1950–59	Berlin	Dramaturg am Deutschen Theater	28–37
Jahre in der Bundesrepublik			
1959	Düsseldorf	Übersiedlung in die Bundesrepublik, Arbeitsaufenthalt am Düsseldorfer Schauspielhaus	37
1961		Lektor beim Bertelsmann-Verlag	39
1970–71	München	Dramaturg an den Münchener Kammerspielen, Auslaufen des Vertrags nach Theaterskandal	48–49
1971		Eheschließung mit Pia Pavel	49

Jahr	Ort	Ereignis	Alter
1972	Angelsbruck (Oberbayern)	Bezug der 1965 erworbenen Mühle in Angelsbruck	50
1982	München	Heinar Kipphardt am 18. 11. gestorben	60

1.2 Zeitgeschichtlicher Hintergrund

Eltern

Heinrich Mauritius Kipphardt wurde am 8. März 1922 in Heidersdorf (Schlesien) geboren. Er war das einzige Kind von Heinrich Kipphardt und seiner Ehefrau Elfriede, geb. Kaufmann. Der Vater praktizierte im Nachbarort Gnadenfrei als Dentist. Dort verbrachte der junge Heinar – der Rufname geht auf die Mutter zurück – seine Kindheit. Die Jugendzeit war durch eine wechselvolle Schullaufbahn und das Schicksal des Vaters überschattet. Heinar Kipphardt besuchte von 1928 bis 1932 die Volksschule und anschließend verschiedene Gymnasien. Sein Vater, der aus seinen sozialdemokratischen Auffassungen kein Hehl machte, war von 1933 bis 1937 Häftling in Konzentrationslagern in Dürrgoy bei Breslau und in Buchenwald. Die Entlassung erfolgte mit der Auflage, Schlesien zu verlassen. Die Familie ging ins Rheinland. Ihr Wohnort wurde Krefeld. Der Vater eröffnete eine Praxis, doch als ehemaliger KZ-Häftling wurde er schikaniert. Die Kassenzulassung wurde ihm verweigert, so dass er auf Privatpatienten angewiesen war. Eine Denunziation machte ihm das Leben schwer.

Schicksal des Vaters

Schon 1936 war Heinar zu einem Onkel nach Duisburg gegangen, und im folgenden Jahr zog er nach Krefeld. Dort machte er 1940 sein Abitur. Die ersten Schreibversuche reichen bis in die Schulzeit zurück.

Prägende Einflüsse

Prägende Erfahrungen seiner Kindheit und Jugendzeit waren Gewalt und Diskriminierung. Das in der Familie und in der eigenen Existenz erfahrene Leid bewirkte die Auseinandersetzung mit seinen gesellschaftlichen und individuellen Ursachen. Sein späteres politisches und schriftstellerisches Engagement hat hier seinen Ursprung. Es entspringt dem Wunsch, eine Wiederholung der Vergangenheit zu verhindern.

Studium und Beruf

Ohne große Begeisterung für den Arztberuf nahm er 1941 das Studium der Medizin in Bonn, Köln und Düsseldorf auf. Er wurde 1942 zur Wehrmacht eingezogen und an der Ostfront eingesetzt. Nach dem Krieg ließ er sich mit seiner Ehefrau Lore, geb. Hannen, die er 1943 geheiratet hatte, und der Tochter Linde in Krefeld nieder. Das Studium der Medizin nahm er 1945 wieder in Düsseldorf auf und schloss es 1947 mit dem Staatsexamen ab. Er arbeitete von 1947 bis 1949 als Assistenzarzt an den Städtischen Krankenanstalten in Krefeld und der Psychiatrischen Klinik in Düsseldorf Grafenberg. Darauf folgte 1950 die Promotion zum Dr. med. in Düsseldorf auf Grund einer Dissertation mit dem Titel „Beitrag zur Frage der Konstanz des Intelligenzquotienten als Hilfsmittel zur Prognosestellung der Intelligenzentwicklung des Kindes".

Politischer Hintergrund

Mit großer Wachsamkeit beobachtete Kipphardt die politische Entwicklung in den Nachkriegsjahren. Sie waren durch den Ost-West-Gegensatz, den Kalten Krieg und die Rivalität zwischen den Vereinigten Staaten und der Sowjetunion bestimmt. Deutschland wurde zur Nahtstelle des weltpolitischen Gegensatzes. Im Westen konzentrierte man sich auf den Wiederaufbau, der mit Unterstützung der westlichen Alliierten zu einem Erfolg wurde. Kipphardt nahm daran Anstoß, dass die Auseinandersetzung mit der nationalsozialistischen Vergangenheit und ihren Ursachen nicht konsequent geführt wurde. Ihm missfiel, dass das Interesse am wirtschaftlichen Wohlergehen die Erinnerung verdrängte und restaurative Tendenzen wirksam wurden.

Im Jahr 1949 nahm er eine Assistenzarztstelle in der Fachrichtung Psychiatrie an der Charité in Ost-Berlin an und siedelte dorthin über. Mit Fragen der Psychiatrie hatte er sich schon während der Assistenzzeit in Düsseldorf und der Arbeit an der Dissertation befasst. Neben seiner Tätigkeit als Arzt, die ihm einen zuverlässigen Lebensunterhalt garantierte, galt Kipphardts leidenschaftliches Interesse der Literatur und dem Theater. Die Charité, in der er eine Dienstwohnung hatte, lag ebenso auf der Schumannstraße wie das Deutsche Theater. Als dort die Stelle des Dramaturgen vakant wurde, bewarb er sich darauf und hatte Glück. Als

Berufswechsel

Seiteneinsteiger konnte er nun am Theater tätig sein und den ungeliebten Arztberuf aufgeben. Nachdem er bislang immer nur neben Studium und Berufsausübung geschrieben hatte, konnte er jetzt im Hauptberuf schreiben. Er erstellte Programmhefte, richtete Texte für die Bühne ein, führte Regie und schrieb eigene Texte für die Bühne. *Shakespeare dringend gesucht* (1953) und *Der Aufstieg des Alois Piontek* (1956) wurden in Berlin uraufgeführt. Freundschaften verbanden ihn mit **Wolfgang Langhoff**, dessen Schicksal dem seines Vaters vergleichbar war, **Heinrich Kilger** und **Ernst Busch**. Am Deutschen Theater hatte Brechts Berliner Ensemble gespielt, und durch Busch lernte Kipphardt **Erwin Piscator** kennen, dessen Auffassung von der politischen Funktion des Theaters er teilte.

Kipphardts frühe Stücke fielen in die Zeit nach Stalins Tod. Die Entstalinisierung verschaffte dem Theater für einige Jahre Bewegungsspielraum, doch nach dem Ungarnaufstand 1956 wurde die Liberalisierung durch die SED zurückgenommen. Kipphardt sah keine Grundlage mehr für seine künstlerische Arbeit. Einen Arbeitsaufenthalt, den er 1959 am

Düsseldorfer Schauspielhaus mit dem Schreiben eines neuen Stücks verbrachte, wollte er als Denkpause nutzen. Doch ein Interview mit der Zeitung *Die Welt*, die ihn gegen seine Absicht als Republikflüchtling darstellte, durchkreuzte seine Absicht und die Rückkehr in die DDR wurde ihm verwehrt. Er war dort trotz Richtigstellung des Interviews und seiner Absichten unglaubwürdig geworden. Gegen seine Absichten war er zum Objekt der politischen Auseinandersetzung zwischen Ost und West geraten.

Übersiedlung in die Bundesrepublik

Kipphardt siedelte 1959 endgültig in die Bundesrepublik über. Wirtschaftliche Grundlage wurde ein Arbeitsverhältnis als Lektor mit dem Bertelsmann-Verlag. Seine Aufgabe bestand darin, Schauspiele für das Fernsehen einzurichten. Der Umgang mit den Medien Fernsehen und Rundfunk erweiterte sein Blickfeld und verschaffte ihm viele Kontakte, die für seine spätere Arbeit von Nutzen waren. In rascher Folge erschienen mehrere seiner Stücke, mit denen er sich im literarischen Schaffen der Bundesrepublik und darüber hinaus etablierte. Ausgehend von seiner Wahrnehmung von Krieg, Gewalt und Schuldverdrängung analysierte er darin meist auf der Grundlage von Dokumenten die gesellschaftliche Wirklichkeit, um Möglichkeiten der Veränderung und Besserung zu erkunden und sinnenfällig zu präsentieren. Durch seine berufliche Erfahrung als Dramaturg und Lektor war er in der Lage, sich auf die verschiedenen Anforderungen von Rundfunk, Fernsehen und Theater einzustellen. Im Jahr 1964 wurden drei Fernsehspiele von ihm gesendet, von denen zwei, nämlich *In der Sache J. Robert Oppenheimer* und *Die Geschichte von Joel Brand,* noch im gleichen Jahr als Bühnenstücke uraufgeführt wurden. Ein drittes Fernsehspiel, *Der Hund des Generals*, geht auf eine Erzählung

von 1957 zurück und wurde 1962 uraufgeführt. Mit dem Schauspiel *In der Sache J. Robert Oppenheimer* wurde Heinar Kipphardt international bekannt. Zusammen mit **Peter Weiss** und **Rolf Hochhuth** repräsentierte er das Dokumentarische Theater. Mit dem künstlerischen Erfolg besserte sich auch seine wirtschaftliche Situation. Kipphardt konnte nunmehr vom Ertrag seines Schreibens leben und war nicht mehr auf ein Beschäftigungsverhältnis angewiesen. Dennoch war er für seine Arbeit auf den engen Kontakt mit der Bühne angewiesen. Deshalb nahm er 1970 die Gelegenheit wahr, an den Münchener Kammerspielen Dramaturg zu werden. Doch diese Tätigkeit fand schon im folgenden Jahr ein schnelles Ende, weil sein Vertrag nicht verlängert wurde. Es kam wegen eines Programmsheftes zu *Der Dra-Dra*, einem Stück von **Wolf Biermann**, zu einem Skandal. Dafür hatte Kipphardt die redaktionelle Verantwortung zu tragen. Die Auseinandersetzungen trafen ihn sehr, zumal seine unmittelbare Tätigkeit am Theater damit zum zweiten Mal ein vorzeitiges Ende fand. Bei beiden Gelegenheiten war er an Bühnen tätig gewesen, die ihm Raum für die Realisation eines gesellschaftskritischen Konzeptes von Theater und Literatur gewährten, und beide Mal wurde er Opfer politischer Auseinandersetzungen.
Bereits 1965 hatte er in Angelsbruck (Oberbayern) eine Mühle erworben. Seit 1963 lebte er mit Pia Pavel zusammen. Er heiratete sie 1971 und zog sich im folgenden Jahr mit seiner Familie nach Angelsbruck zurück. In seinen Arbeiten aus der Angelsbrucker Zeit, dem Roman *März*, dessen Stoff er auch zu einem Theaterstück verarbeitete, und dem Romanfragment *Rapp, Heinrich* werden der psychisch kranke Mensch und der gescheiterte Revolutionär thematisiert. Die eigene Lebensgeschichte Kipphardts liegt den *Traumnotaten*

zu Grunde. Andere Ideen wurden nicht ausgeführt oder kamen nicht über kurze Skizzen hinaus. So plante er zeitweilig, Stücke über Ulrike Meinhof und über Tupamaros in Südamerika zu schreiben. Die Vorhaben dokumentieren Kipphardts Teilnahme an der radikalen Diskussion der siebziger Jahre, aber auch die Einsicht in die fehlende Akzeptanz der Darstellung dieser Themen im Theater. In seinem letzten Stück *Bruder Eichmann* von 1982 untersucht er noch einmal auf dokumentarischer Grundlage die gesellschaftlichen und psychischen Grundlagen des Gehorsams. Dabei konvergieren seine Fähigkeiten zur gesellschaftskritischen und psychiatrischen Analyse mit seinem Streben nach der Veränderung der politischen Verhältnisse.
Heinar Kipphardt starb am 18. November 1982.

1.3 Angaben und Erläuterungen zu wesentlichen Werken

Politik	Biografie	Jahr	Fernsehspiele	Theaterstücke	Prosa, Lyrik
Wiederaufbau, Wirtschaftswunder, Ost-West-Gegensatz, Kalter Krieg, Stalins Tod 1953, Aufstand in der DDR 1953	Übersiedlung nach Ost-Berlin, Dramaturg am Deutschen Theater 1950-1959	1953		*Shakespeare dringend gesucht* (Urauff. Berlin)	
Ungarnaufstand 1956		1956		*Der Aufstieg des Alois Piontek* (Urauff. Berlin)	
		1957			*Der Hund des Generals* (Erz.)
Eichmann-Prozess 1960–1961	Arbeitsaufenthalt am Düsseldorfer Schauspielhaus 1959, Übersiedlung in die Bundesrepublik, Lektor ab 1961	1962		*Der Hund des Generals* (Urauff. München)	
		1963	*Bartleby* (nach Melville)		
Debatte über Verjährung von NS-Verbrechen 1965		1964	*In der Sache J. Robert Oppenheimer* *Die Geschichte von Joel Brand* *Der Hund des Generals*	*In der Sache J. Robert Oppenheimer* (Urauff. München und Berlin)	
Große Koalition 1966–1969 Notstandsgesetze 1968		1965		*Joel Brand. Die Geschichte eines Geschäfts* (Urauff. München) *In der Sache J. Robert Oppenheimer* (Berlin)	
Attentat auf den Studentenführer Dutschke 1968	Dramaturg in München 1970–1971	1968		*Die Soldaten* (nach Lenz) (Urauff. Düsseldorf)	
	Bezug von Angelsbruck 1972	1975	*Leben des schizophrenen Dichters Alexander März*		
Selbstmord der Terroristin Meinhof 1976		1976			*März* (Roman)
Ermordung von Buback, Ponto, Schleyer 1977 Selbstmord der Terroristen Baader, Ensslin, Raspe 1977		1977	*Die Soldaten* (nach Lenz)	*In der Sache J. Robert Oppenheimer* (Bearbeitung Hamburg)	*Angelsbrucker Notizen* (Lyrik)
		1978			*Rapp, Heinrich* (Romanfragment)
		1980	.	*März. Ein Künstlerleben* (Urauff. Düsseldorf)	
		1981	*In der Sache J. Robert Oppenheimer* (Bearb.)		*Traumprotokolle*
		1982		*Bruder Eichmann* (Urauff. München)	

Tabelle: Datensynopse von Kipphardts Leben und Werk

2. Textanalyse und -interpretation

2.1 Entstehung und Quellen

Historischer Überblick

Mit dem Ende des Zweiten Weltkrieges veränderte sich das Verhältnis zwischen den Vereinigten Staaten und der Sowjetunion: Aus Bündnisgenossen wurden Rivalen. Die USA waren 1943 in den Krieg eingetreten und hatten in einer großen organisatorischen Kraftanstrengung unter dem Code-Wort **Manhattan-Projekt** die erste Atombombe entwickelt. Antrieb war dabei die Furcht, dass Deutschland zuerst in den Besitz der Bombe gelangen könnte. Die Zielsetzung bedingte angesichts des immensen Einsatzes von Personal, Material und Finanzen eine enge Zusammenarbeit zwischen Wissenschaft, Politik und Militär. Das Kriegsende versetzte die Vereinigten Staaten in die Rolle der Weltführung, die sie im Geist der **Atlantik Charta** von 1941 mit Hilfe der 1945 gegründeten Vereinten Nationen in Angriff nahmen.
Die Sowjetunion kooperierte seit dem Einmarsch deutscher Truppen 1941 mit dem Westen und wurde mit dem Kriegsverlauf in den **Konferenzen von Teheran** (1943), **Jalta** (1945) und **Potsdam** (1945) zum gleichberechtigten Bündnispartner der westlichen Alliierten, der selbstbewusst seine eigenen Interessen vertrat. Das Kriegsende machte die Sowjetunion mit der Einrichtung von Satellitenstaaten nach dem Wegfall Deutschlands im Westen und Japans im Osten als politische und wirtschaftliche Größen zur unangefochtenen Großmacht.

Ost-West-Gegensatz

Der schon während des Krieges vorhandene latente **Interessensgegensatz** wurde spätestens seit der Marschallplankonferenz von

1947 manifest. An die Stelle der Zusammenarbeit trat der Kalte Krieg. Der Ost-West-Konflikt zeigte sich zunächst u. a. in gegensätzlichen Auffassungen zu den Reparationen und zur Deutschlandpolitik. Grundlage für das politische Ziel der Eindämmung des sowjetischen Einflusses (Containment) war die **Trumandoktrin** (1947), die u. a. beim **Marshall-Plan** (1947) und der Gründung der **NATO** (1949) und bei dem amerikanischen Engagement in internationalen **Krisen** (Berlin 1948/49, Korea 1950/53) wirksam wurde. Kennzeichen des Ost-West-Konfliktes in der **Zeit des Kalten Krieges** sind das Wettrüsten der beiden Weltmächte und ihr Vertrauen auf die Wirksamkeit der **Abschreckung** bei gleichzeitigen Abrüstungsbemühungen.

Wettrüsten

Im Jahr 1949 entwickelte die Sowjetunion ihre erste **Atombombe**; das Monopol der Vereinigten Staaten war gebrochen. Beide Mächte arbeiteten daraufhin mit Nachdruck an der Entwicklung einer noch größeren Massenvernichtungswaffe: der **Wasserstoffbombe**. Die Vereinigten Staaten waren 1952 erfolgreich, die Sowjetunion 1953.

Antrieb des **Rüstungswettlaufs** war die grundsätzliche Rivalität zwischen den Weltmächten und ihr wechselseitiges Misstrauen. Bei jeder Entwicklung wurde bereits die Reaktion der anderen Seite und die eigene Gegenreaktion eingeplant. Ziel war, nachdem nach 1945 angesichts des Massenvernichtungspotenzials der Kernwaffen Kriege nicht mehr Mittel der Politik waren, die Wahrung der militärischen Abschreckung. Der Gegner sollte mit der globalen Vergeltung durch Kernwaffen rechnen müssen.

Diese Politik hatte immense innenpolitische Rückwirkungen. Durch das McCarran-Nixon-Gesetz von 1950 wurden in den USA kommunistische Tarnorganisationen registriert, das

McCarren-Gesetz von 1952 führte zu einer Revision der Einwanderungsbedingungen und das Antikommunisten-Gesetz von 1954 versagte die Anerkennung kommunistischer Gewerkschaften bei der Schlichtung von Arbeitskämpfen und verlangte die Registrierung von Kommunisten. Im Jahr 1950 erhob auch der Senator **McCarthy** ohne Belege Anschuldigungen gegen Angehörige des State Department, die er als Sicherheitsrisiko bezeichnete. Er führte einen Kreuzzug gegen Kommunisten und deren Sympathisanten und sah überall Verrat und Subversion walten. Die Regierungszeit von F. D. Roosevelt und Harry S. Truman bezeichnete er als 20 Jahre Verrat. Erst eine Rüge durch den Senat beendete seine umstrittene politische Tätigkeit. Die angeführten Gesetze und das Handeln McCarthys verdeutlichen die Bedeutung der Sicherheit und die Angst vor Illoyalität, Verrat und Sabotage, die in der Innenpolitik der USA eine große Rolle spielten und ihr Züge einer Angstpsychose gaben.
Im Rückblick auf die Nachkriegsgeschichte der Vereinigten Staaten liegen Erfolg und Niederlage, Faszination durch Technik und Erschrecken über ihre Vernichtungskraft nahe beieinander. Durch die Bewältigung der größten politischen, militärischen und wissenschaftlichen Herausforderung der Neuzeit wurden die USA eine Weltmacht, die jedoch durch die Rivalität mit der UdSSR nicht zur Ruhe kamen. Ständig wurden neue Anstrengungen abverlangt. Das amerikanische Lebensgefühl wurde durch die dabei gemachten Erfahrungen aufgewühlt. Erfolge schienen den „American dream" zu bestätigen, den Aufbruch zu neuen Grenzen, den Glauben an den Zugewinn von Fortschritt und Freiheit für die Menschheit; dagegen erschütterten Rückschläge wie der Verlust des atomaren Monopols und die Entwicklung der Wasserstoffbombe durch die Sowjetunion das nationale Selbstbe-

wusstsein nachhaltig. Die ständig neuen und sich steigernden Herausforderungen und der Wechsel von Erfolg und Niederlage schufen eine komplexe Gefühlslage, bei der nationaler Stolz mit Misstrauen und Angst vor Verrat durchsetzt war. Etikettierungen und Schuldzuweisungen wurden durch die Öffentlichkeit schnell vorgenommen. Im Interesse der dominant gesetzten politischen Sicherheit und der eigenen Orientierung fasste sie Skrupel, Zweifel und Kritik an der offiziellen Linie schnell als illoyale Akte auf. Das ist auch am historischen Fall Oppenheimer ablesbar.

J. Robert Oppenheimer

J. Robert Oppenheimer (1904–1967) trug maßgeblich zur Entwicklung der Atombombe bei. Er gelangte nach Studien in Harvard und an Universitäten in Europa (Cambridge, Göttingen) und langjähriger akademischer Lehr- und Forschungstätigkeit an der University of California in Berkeley und dem California Institute of Technology in Pasadena in die Stellung des wissenschaftlichen Leiters des **Manhattan-Projekts**. Dabei waren seine pro-kommunistischen Kontakte und Sympathien ebenso bekannt wie die Tatsache, dass sein Bruder und seine Ehefrau Mitglieder der Kommunistischen Partei waren. Oppenheimer war für diese Aufgabe wegen seiner überragenden wissenschaftlichen Fähigkeiten und seiner Begabung, Menschen zu führen und zu begeistern, ausgewählt worden. Schon bei seiner wissenschaftlichen Tätigkeit hatten diese Eigenschaften schulbildend gewirkt, und viele Schüler arbeiteten am Projekt mit. Im Jahre 1947 wurde Oppenheimer Leiter des Institute for Advanced Study in Princeton. Bis 1952 war er Vorsitzender des Wissenschaftlichen Beraterstabs der Atomenergiekommission. Maßgeblich für die Rückkehr zur Forschung war das Erschrecken über die Folgen des Einsatzes der Kernwaffen, das Oppenheimer mit vielen anderen Wissenschaftlern teilte. Im Jahre 1949 riet dieses Gremium unter seiner Leitung von der Entwicklung der Wasserstoffbombe ab. Er setzte sich für eine internationale Behörde mit Zuständigkeit für alle atomaren Fragen ein; der Vorschlag wird 1946 als Baruch-Plan in die Vereinten Nationen eingebracht und von der Sowjetunion abgelehnt. Mit seinem Engagement für die internationale Kontrolle der militärischen und zivilen Nutzung der Kernenergie setzte sich Oppenheimer in Opposition zum politischen, militärischen und wissenschaftlichen Establishment, das nach dem Verlust des atomaren Monopols der Vereinigten Staaten mit der Entwicklung der Wasserstoffbombe in eine neue Phase des Wettrüstens eintreten wollte. Ihr wissenschaftlicher Protagonist war **Edward Teller**.

In dem veränderten politischen Rahmenbedingungen der McCarthy-Zeit boten neue verschärfte Sicherheitsbestimmungen diesen Kreisen die Möglichkeit, Oppenheimers bekannte pro-kommunistische Sympathien und Kontakte aus der Zeit vor dem Manhattan-Projekt wieder in Erinnerung zu bringen, um ihn als wichtigen Meinungsführer bei der Regierung und in der Öffentlichkeit in Fragen der Nutzung der Kernkraft zu diskreditieren. Auch waren mehrere seiner Schüler in Spionagefälle verwickelt, und Oppenheimer selbst bot Ansatzpunkte durch ungeschicktes Verhalten bei dem Spionageverdacht gegen einen Freund. Die Anschuldigungen der Atomenergiekommission basierten auf einem Bericht des FBI und wurden in einem Brief an Oppenheimer vom 21.12.1953 zusammengefasst. Da er von sich aus seinen Rücktritt als Berater nicht in Betracht zog, kam es zu einer Untersuchung der Atomenergiekommission, die in der Zeit vom 12.4.1954 bis zum 6.5.1954 stattfand. Der Untersuchungsausschuss bestand aus dem Vorsitzenden Gordon

Gray, der im Regierungsdienst gestanden hatte und seit 1950 Präsident einer Universität war, Ward V. Evans, einem Professor für Chemie, und Thomas A. Morgan, einem Vertreter der Wirtschaft. Der Ausschuss empfohl der Kommission mit Mehrheit, an Oppenheimer keine Sicherheitsgarantie zu erteilen. Der Beschluss hatte die Folge, dass Oppenheimer seine Beratertätigkeit einstellen musste und an Einfluss verlor. Erst mit der Verleihung des renommierten Fermi-Preises im Jahre 1963 leistete die amerikanische Regierung eine teilweise Wiedergutmachung.

2.2 Inhaltsangabe

1. Szene

Die erste Szene stellt die **Eröffnung** der Verhandlung mit der Angabe des **Untersuchungsgegenstandes** (Verlängerung der Sicherheitsgarantie für Oppenheimer), des Zustandekommens und der **Zusammensetzung des Ausschusses** (Gray, Evans und Morgan wurden durch die Atomenergiekommission zu Mitgliedern ernannt) und des politischen **Kontextes** (Interview mit McCarthy) dar. Anschließend wird zunächst Oppenheimer als **Zeuge** in eigener Sache zu seiner Beteiligung am Bau der Atombombe und ihrem Abwurf über Hiroshima befragt. Robb, Anwalt der Atomenergiekommission, versucht, Oppenheimer als engagierten Befürworter der Atombombe erscheinen zu lassen, während dieser seine Rolle zu seiner Zeit als Fachmann versteht, dem bei seiner Tätigkeit Skrupel angesichts der Verwendung seiner Arbeit durch Politik und Militär gekommen sind.

Stichwörter/wichtige Textstellen:

Das politische Umfeld des Prozesses wird durch das Zitat von McCarthy deutlich: „Wenn ich heute Abend Amerika sage, dass unsere Nation sehr wohl untergehen kann, dann wird sie wegen dieser Verzögerung von 18 Monaten untergehen." (S. 9) Der Ausschuss hat den Auftrag „zu untersuchen, ob Dr. J. Robert Oppenheimer die Sicherheitsgarantie fernerhin erteilt werden kann" (S. 8). Seine Zusammensetzung wird angegeben (S. 8) und durch die Vorstellung der Mitglieder (S. 10) kommentiert. Die Fragen, welche Oppenheimer vorgelegt werden, zielen auf seine Einstellung zur Atombombe. Er sieht sich und seine Kollegen als „Physiker, keine Militärs, keine Politiker." (S. 16)

1. Zwischenszene

In der 1. Zwischenszene legt Robb seine Strategie dar: Es geht der Anklage nicht um Tatsachen, sondern um die Motive und Gedanken, die dahinter stehen.

Stichwörter/wichtige Textstellen:
Robb sieht in Oppenheimer den „Typus des Verräters aus ethischen oder weltanschaulichen Motiven." (S. 21)

2. bis 5. Szene

Dementsprechend werden in den Szenen zwei bis fünf die Verbindung Oppenheimers mit Kommunisten und Fellow-Travellers untersucht, um seine Loyalität in Zweifel zu ziehen: Die Verbindungen, die bereits bei früheren Sicherheitsuntersuchungen eine Rolle gespielt haben und dabei der Erteilung der Sicherheitsgarantie früher nicht entgegenstanden, sind seine Verlobte (zweite Szene), Angehörige der Kommunisten-Partei sowie Schüler, Bekannte und Freunde mit ähnlichen Auffassungen (dritte Szene) und sein Bruder (vierte Szene). Alle Behauptungen der mangelnden Loyalität können Oppenheimer und seine Anwälte Garrison und Marks argumentativ unter Verweis auf Tatsachen zurückweisen. Er verlässt empört den Zeugenstand, als seine Loyalität bezweifelt wird, weil er seiner Verlobten in einer psychischen Krise beistand, ohne die Sicherheitsbehörden über die Zusammenkunft zu informieren (zweite Szene). Seine Anwälte weisen nach, dass er an einem kommunistischen Treffen, das in seinem Haus stattgefunden haben soll, nicht teilgenommen haben kann, weil er zu diesem Zeitpunkt verreist war, und dass die Anklage einem falschen Zeugen traut (dritte Szene). Oppenheimer weist auch den Vorwurf der Illoyalität zurück, den der Anwalt der Kommission vorbringt, weil er die Sicherheitsbehörden nicht über die Parteimitgliedschaft seines Bruders unterrichtete (Szene vier).

Stichwörter/wichtige Textstellen:
Den tragenden Begriff des Fellow-Traveller lässt Rolander Oppenheimer definieren: „Wenn jemand mit Teilen des kommunistischen Programms übereinstimmt und bereit ist, mit Kommunisten zusammenzuarbeiten, ohne der Partei anzugehören, dann würde ich ihn einen ‚Mitreisenden' nennen." (S. 23) – Der Ankläger wirft Oppenheimer vor, in Bezug auf seine Verlobte seine Loyalitätspflicht verletzt zu haben („Hat es nichts mit Ihrer Loyalitätspflicht zu tun, Doktor, wenn Sie als Verantwortlicher für das Atomwaffenprojekt in Los Alamos die Nacht mit einer Kommunistin im Hotel verbringen, ohne die Sicherheitsbehörden davon zu unterrichten?", S. 25) Oppenheimer weist den Vorwurf zurück („Die Kommunistin war meine frühere Verlobte, die in einer großen seelischen Krise war, und die mich zu sehen wünschte. Sie war wenige Tage später tot." (S. 25) – Vorwurf und Zurückweisung wiederholen sich in den folgenden Szenen. Robb berichtet von einer Zeugenaussage, dass Oppenheimer an einer geheimen kommunistischen Versammlung in seinem Haus teilgenommen habe (S. 31), Marks widerlegt das (S. 32 f.). – Die Anklage wirft Oppenheimer einen Loyalitätskonflikt wegen seines Bruders vor („Kann man im Falle Ihres Bruders sagen, Sir, dass die natürliche Loyalität, die Sie ihm entgegenbrachten, die Loyalität unseren Sicherheitsbehörden gegenüber überwog?", S. 41), was Oppenheimer zurückweist. (S. 41)

2. bis 4. Zwischenszene

In jeder Zwischenszene kommentiert ein Beteiligter das Verfahren: Evans, das einzige Mitglied des Ausschusses, das zugleich Naturwissenschaftler ist, beschreibt in der 2. Zwischenszene sein Unbehagen über das Verfahren und die Verhaltensnormierung durch staatliche Instanzen angesichts der Entwicklung der modernen Naturwissenschaften. Oppenheimers Anwalt Marks äußert in der 3. Zwischenszene die Auffassung, dass es nicht um seinen Mandanten geht, sondern um die Unterwerfung der Wissenschaft unter die Militärs, und in der 4. Zwischenszene spricht Rolander, ein Vertreter der Atomenergiekommission, vom politisch-pragmatischen Charakter von Sicherheitsentscheidungen. Es gehe nicht um Gerechtigkeit und Moral.

Stichwörter/wichtige Textstellen:
Evans kommentiert die beabsichtigte Auswirkung des Verfahrens auf Wissenschaftler als „Demütigungen", „Unterwerfung" (S. 26) und spricht von zwei „Entwicklungen" („Die eine, dass wir die Natur zunehmend beherrschen, unsern Stern, andere Sterne. Die andere, gleichzeitig, dass wir zunehmend beherrscht werden durch staatliche Apparate", S. 26). – Desgleichen bewertet der Verteidiger Marks das Verfahren als „Unterwerfung der Wissenschaft, Einschüchterung" (S. 33). Im Gegensatz dazu charakterisiert Rolander Sicherheitsmaßnahmen als pragmatisch. „Sie erheben nicht den Anspruch, absolut gerecht und unantastbar moralisch zu sein. Sie sind praktisch." (S. 42)

5. Szene

In der fünften Szene fragt Evans nach dem Grund für die Vielzahl von linken Wissenschaftlern, die an der Entwicklung der Atombombe beteiligt waren. Oppenheimer charakterisiert Physiker als neugierige und unvoreingenommene Menschen. Dies gelte für ihre fachlichen Interessen ebenso wie für ihre gesellschaftlichen Ansichten. Zudem verliefen Wege von Menschen nicht immer geradlinig.

Stichwörter/wichtige Textstellen:
Oppenheimer charakterisiert Physiker als Nonkonformisten („sie sind nur weniger voreingenommen", S. 46), ohne die der Erfolg des Manhattan-Projekts nicht möglich gewesen wäre: „Die Wege der Leute mit erstklassigen Ideen verlaufen nicht so geradlinig, wie sich das die Sicherheitsbeamten träumen. Mit tadellosen, das heißt konformen Ansichten macht man keine Atombombe. Ja-Sager sind bequem aber uneffektiv." (S. 45)

5. Zwischenszene

In einem Statement in der 5. Zwischenszene kritisiert das Ausschussmitglied Morgan die politische Zielrichtung des Ausschusses und fordert die Trennung zwischen den subjektiven Auffassungen eines Physikers und seiner objektiven Tätigkeit.

Stichwörter/wichtige Textstellen:
Morgan bestätigt die politische Funktion des Verfahrens: *„Was wir den Wissenschaftlern heute klarmachen müssen, dass wir ihnen nicht die und die Ansichten vorschreiben, privat, dass wir sie deshalb ausbooten, sondern dass wir ihnen eine strikte Trennung zwischen ihren subjektiven Ansichten und ihrer objektiven Arbeit fordern müssen. Weil eine moderne Atompolitik nur auf der Grundlage einer wertungsfreien Arbeit möglich ist."* (S. 48)

6. Szene

In der sechsten und letzten Szene des ersten Teils wird der Vorwurf der Illoyalität Oppenheimers auf Grund einer verspäteten und unvollständigen Meldung eines Spionageverdachts gegen einen Freund verhandelt. Das logisch nicht nachvollziehbare Verhalten Oppenheimers wird von zwei früheren Sicherheitsoffizieren gegensätzlich bewertet. Während Pasch Oppenheimer für illoyal hält und den Verzicht auf Freiheiten für die Verteidigung der Freiheit für notwendig ansieht, ist sein einstiger Vorgesetzter Lansdale der Auffassung, dass Wissenschaft und Sicherheit in einem Spannungsverhältnis stehen. Er hält Oppenheimer für loyal und kritisiert das Klima der Hysterie, in dem die Untersuchung stattfindet.

!

Stichwörter/wichtige Textstellen:
Pash und Lansdale, zwei Sicherheitsleute, wiederholen auf ihrer Ebene die gegensätzlichen Beurteilungen von Sicherheit und Freiheit. Pash fordert vom Wissenschaftler „uneingeschränkte Loyalität" (S. 64) und sieht in ihnen „Fachleute in einem sehr großen Unternehmen (...), die ihre Teilarbeit zu machen haben, die sie anderen Fachleuten, Politikern, Militärs abliefern". (S. 65) Daraus folgt für ihn: „Wenn wir unsere Freiheit erfolgreich verteidigen wollen, so müssen wir bereit sein, auf gewisse Freiheiten zu verzichten" (S. 65). Lansdale hingegen sieht in Oppenheimer den Menschen (S. 67), akzeptiert den grundsätzlichen Gegensatz zwischen Wissenschaft und Sicherheit („Der Geist der Wissenschaft und die militärischen Sicherheitserfordernisse, das ist ein bisschen, als wenn Vögel und Nashörner miteinander Ball spielen.", S. 68) und kritisiert die „Kommunistenhysterie" als Gefahr „für die Art unseres Zusammenlebens und unsere Form der Demokratie." (S. 73)

7. Szene

Robb leitet in der siebten Szene daraus, dass Oppenheimer bei der

Entwicklung der Wasserstoffbombe beiseite gestanden habe, den schon bekannten Vorwurf der Illoyalität ab. Dies weist der Angeklagte zurück. Er habe die Regierung unterstützt, jedoch Skrupel wegen der neuen Qualität der Zerstörung des Zerstörungspotenzials gehabt und daher nur beratend bei der Entwicklung mitgewirkt. Auf einen Loyalitätskonflikt Regierung/Menschheit lässt er sich nicht festlegen. Fragen der nationalen Souveränität seien angesichts der globalen Bedrohung irrelevant geworden. Er, Oppenheimer, setzte auf Vernunft, indem er für eine Verzichtserklärung bei der Entwicklung und Anwendung der H-Bombe eintrat und sich dagegen aussprach, dass die USA die Initiative ergriff. Die Entwicklung sei jedoch entgegen seinen Vorstellungen gelaufen.
Der Zeuge **Teller** schildert in seiner Zeugenaussage die Entwicklung der Wasserstoffbombe und vertritt die Auffassung, dass sie sich verzögerte, weil Oppenheimer sich nicht für das Projekt begeisterte. Er äußert Zweifel an Oppenheimers Loyalität und bezeichnet seine Auffassung in der Abrüstungsfrage als Illusion. In einer abschließenden persönlichen Erklärung legt Teller dar, dass Fortschritt nur erreichbar ist, wenn sich der Forscher nicht beirren lässt von möglichen schrecklichen Folgen seiner Arbeit, er setzt darauf, dass sich daraus mehr Fortschritt und Freiheit ergeben.
Der Zeuge **Bethe** vertritt den gegenteiligen Standpunkt, indem er aussagt, dass die Entwicklung der H-Bombe nicht durch Oppenheimers Zurückhaltung verzögert wurde. Grund für das fehlende Interesse von Wissenschaftlern an einer Mitarbeit seien Unbehagen und Einsicht angesichts der Schrecken eines Krieges. Die Entwicklung der Bombe sei falsch gewesen, ein Abkommen hätte erzielt werden müssen.
Der Zeuge **Griggs** sieht die behinderte Entwicklung der

Wasserstoffbombe als Ergebnis der Verschwörung einer Gruppe von Wissenschaftlern unter der Führung Oppenheimers. Grund dafür seien seine linken Verbindungen.
Der Zeuge **Rabi** bezeichnet dagegen die Auffassung Griggs' als die eines engstirnigen Militärs und macht die Verschwörungstheorie durch Erzählung von einer Konferenz lächerlich. Er ist von Oppenheimers Loyalität überzeugt und bezeichnet das Verfahren gegen ihn als „schlechte Show" und beschreibt den politischen Charakter des Verfahrens, in dem es nicht um Handlungen, sondern um unerwünschte Auffassungen gehe.

!

Stichwörter/wichtige Textstellen:
Schlagzeilen (S. 79) verdeutlichen, dass die Auseinandersetzung auch außerhalb des Verhandlungsraums geführt wird. Im Zwiespalt des Physikers („Es ist nicht die Schuld der Physiker, dass gegenwärtig aus genialen Ideen immer Bomben werden.", S. 88) sieht sich Oppenheimer in einer Konfliktsituation in seiner Loyalität zu Regierung oder Menschheit. Zwar hat er bisher immer der Regierung seine „ungeteilte Loyalität" (S. 89) gegeben, doch im Fall der H-Bombe zweifelt er. „Ich weiß nicht, ich denke darüber nach, aber ich habe das immer getan." (S. 89) Bei der Beobachtung der ersten Atombombenexplosion kommen ihm zwei entgegengesetzte Verse in den Sinn: „Der eine: ‚Wenn das Licht aus tausend Sonnen/am Himmel plötzlich hervorbräche,/das wäre der Glanz des Herrlichen.' Der andere: ‚Ich bin der Tod, der alles raubt,/Erschütterer der Welten.'" (S. 94) – Teller sieht in Oppenheimer den Grund für die geringe Unterstützung der wissenschaftlichen Gemeinschaft bei der Entwicklung der H-Bombe. Er hat „begründete Zweifel an der Diskretion, am Charakter oder an der Loyalität eines Man-

nes“ (S. 105). Er ist bei der Beurteilung von Wissenschaft und Fortschritt der Gegenpol zu Oppenheimer und meint, dass „Entdeckungen weder gut noch böse sind, weder moralisch noch unmoralisch, sondern nur tatsächlich. Man kann sie gebrauchen oder missbrauchen“ (S. 108). Statt auf Vernunft setzt er auf „Tatsachen, die schließlich sogar Vernunft hervorbringen“ (S. 108). In einer Erklärung trägt er vor, dass die wissenschaftlichen Ergebnisse „die Menschen zwingen, sich mit diesen neuen Energien einzurichten und den Zustand der Welt zu beendigen, halb frei, halb Sklave zu sein!“ (S. 110) – Bethe sagt aus, dass das Verhältnis zwischen Oppenheimer und Teller belastet ist. „Sie mochten sich nicht. Teller beklagte sich oft, dass man seine Arbeiten nicht genügend beachte, dass sich Oppenheimer nicht genügend dafür begeistere.“ (S. 113) – Griggs, der in der Bühnenanweisung als „ehrgeizig, hübsch und unbedeutend“ (S. 120) charakterisiert wird, nimmt „unter einigen prominenten Wissenschaftlern eine lautlose Verschwörung gegen die Super“ (S. 121) an, was Rabi als „haltlose Verdächtigung, als dummes Zeug“ (S. 127) bezeichnet. Er hält Oppenheimer „für den loyalsten Menschen, den ich kenne, mich eingeschlossen“ (S. 128) und das Verfahren für eine „schlechte Show“ (S. 130).

8. Szene

In der achten Szene plädiert der Anklagevertreter Robb dafür, Oppenheimer die Sicherheitsgarantie zu entziehen, da er trotz anzuerkennender großer Verdienste in tragischer Weise auf Grund der Fortdauer alter kommunistischer Auffassungen Gedankenverrat begangen habe. Marks hingegen, Oppenheimers Verteidiger, vermisst Tatsachen, die die Illoyalität seines Mandanten belegen. Oppenheimer habe die Einstellung vieler Intellektueller geteilt und seinen Rat in bester Absicht und in Übereinstimmung mit vielen Experten gegeben; andere Auffassungen hätten sich jedoch durchgesetzt. Die Vorstellung des Gedankenverrats zerstöre die Freiheit von Meinung und Wissenschaft als Grundlagen der Demokratie.

!

Stichwörter/wichtige Textstellen:
Die Anklage plädiert dafür, dass Oppenheimer „die Sicherheitsgarantie nicht mehr erteilt werden" (S. 136) kann. Robb begründet dies damit, es liege „eine Form des Verrats vor, die unsere Gesetzbücher nicht kennen, der Gedankenverrat, der aus den tiefen Schichten seiner Persönlichkeit kommt und die Handlungen eines Mannes gegen dessen Willen unaufrichtig macht" (S. 135 f.). Damit habe sich Oppenheimer „von den utopischen Idealen einer internationalen klassenlosen Gesellschaft niemals ganz gelöst" (S. 135) mit dem Ergebnis, „dass er ihnen unbewusst oder unterbewusst die Treue hielt, und dass diese unbewusste Loyalität mit der Loyalität den Vereinigten Staaten gegenüber nur auf diese Weise zu vereinbaren war" (S. 135). Die Verteidigung weist den Vorwurf des Gedankenverrats zurück und zeigt die Folgen auf:
„Und wenn wir hier nach dem Vorschlag von Mr. Robb die Kategorie des Gedankenverrats einführen würden, die es in unseren Gesetzbüchern nicht gibt, so würden wir nicht nur die wissenschaftliche Laufbahn eines großen Amerikaners zerstören, sondern auch die Grundlagen unserer Demokratie." (S. 140)

9. Szene

Daran schließen sich in der neunten Szene das **Urteil** und das **Schlusswort** Oppenheimers an. Die Mehrheit des Ausschusses urteilt, dass Oppenheimer keinen Anspruch mehr auf das Vertrauen der Regierung habe, weil er ihr auch kein Vertrauen entgegengebracht habe. Die Unterstützung eines Freundes durch eine Lüge bei Vorliegen eines Spionageverdachts stelle einen charakterlichen Defekt und eine illoyale Handlung gegenüber dem Staat dar. Zudem sei seine Einstellung zur Wasserstoffbombe undurchsichtig; durch seine fehlende Begeisterung habe sich die Entwicklung verzögert. Der Vorsitzende Gray fügt hinzu, dass die Beurteilung durch die vorgegebenen Regeln und Maßstäbe bedingt sei. Das Minderheitenvotum des Naturwissenschaftlers Evans betont die großen Verdienste Oppenheimers, den Wechsel der Auffassungen in Bezug auf seine schon vorher bekannten Verbindungen und die Ehrlichkeit seines Rats. Es sei vernünftig, die Folgen einer Entwicklung zu bedenken. In seinem Schlusswort beklagt Oppenheimer die Diskrepanz zwischen der Bedeutung der Physiker und ihrer Ohnmacht angesichts des militärischen Zugriffs auf wissenschaftliche Ergebnisse. Es sei ein Fehler gewesen, den Regierungen zu viel Loyalität gewährt zu haben. Dadurch hätten sie die Arbeit des Teufels getan; es gehe aber um das Offenhalten der Welt, die Ermöglichung der Freiheit durch die Nichtmitarbeit an Rüstungsprojekten.

Stichwörter/wichtige Textstellen:

!

Die Mehrheit urteilt gegen Oppenheimer. Sie ist *„der Meinung, dass Dr. Oppenheimer keinen Anspruch mehr auf das bedingungslose Vertrauen der Regierung und der Atomenergiekommission hat, das sich in der Erteilung der Sicherheitsgarantie ausdrücken würde, weil ihm grundsätzliche charakterliche Mängel nachzuweisen sind."* (S. 143)
In seinem Minderheitenvotum zeigt sich Evans besorgt, dass ein wechselndes politisches Klima die Beurteilung der gleichen Tatsachen wechseln lassen soll" (S. 144). Oppenheimer

analysiert in seinem Schlusswort die Problematik des modernen Naturwissenschaftlers. Durch das Verfahren hat sich seine Einstellung gewandelt. Er akzeptiert den Vorwurf des „Gedankenverrats", wenngleich in einem anderen Sinne als die Anklage. Wenn *„ich denke, was im gleichen Fall aus den Ideen des Kopernikus oder den Entdeckungen Newtons geworden wäre, dann frage ich mich, ob wir den Geist der Wissenschaft nicht wirklich verraten haben, als wir unsere Forschungsarbeiten den Militärs überließen, ohne an die Folgen zu denken"* (S. 146).
In der gegenwärtigen Situation „empfinden wir Physiker, dass wir niemals so viel Bedeutung hatten und dass wir niemals so ohnmächtig waren" (S. 146). Im Rückblick bilanziert Oppenheimer: „Wir haben die Arbeit des Teufels getan, und wir kehren nun zu unseren wirklichen Aufgaben zurück." (S. 147)

2.3 Aufbau

Kipphardts Drama besteht aus zwei Teilen. Der erste befasst sich mit Oppenheimers Einstellung zur Atombombe, der zweite mit seinen Ansichten zur Wasserstoffbombe. Der erste Teil wird durch die Konstituierung des Ausschusses eingeleitet. Es folgen fünf Szenen, in denen Oppenheimer als Zeuge in eigener Sache vernommen wird. Die Fragen beziehen sich auf sein Verständnis von Fellow-Travellers, seine pro-kommunistischen Kontakte, sein Verhältnis zum Bruder und auf die nonkonformistische Grundeinstellung von Physikern in gesellschaftlichen und politischen Fragen. Diese fünf Szenen werden durch fünf Zwischenszenen unterbrochen. In der Textfassung, der die Hamburger Aufführung zu Grunde liegt, sind die Zwischenszenen deutlich vom übrigen Text abgesetzt und als Dialog gestaltet. Darin begründet Robb sein Eindringen in Oppenheimers Privatsphäre im Interesse der Sicherheit, Evans und Marks sprechen in zwei aufeinander folgenden Szenen deutlich die politische Funktion des Verfahrens an, in dem Oppenheimer gedemütigt und die Wissenschaft durch die Militärs unterworfen werden soll. Die gedanklichen Grundlagen für eine derartige politische Strategie sprechen Rolander in der 4. Zwischenszene und Morgan in der 5. Zwischenszene an. Nach Rolander sind Sicherheitsentscheidungen pragmatisch, und Morgan spricht von der wertfreien Wissenschaft, in der die Meinungen der Wissenschaftler Privatsache sind; sie haben nur zu funktionieren. Ab der 6. Szene entfällt der irritierende Wechsel zwischen Szenen und Zwischenszenen. Dafür sind die Szenen nunmehr in sich deutlicher strukturiert. Gegenstand ist die Chevalier-Episode, zu der zunächst Oppenheimer und danach die Geheimdienstler Pash und Lansdale befragt wer-

den. Der zweite Teil des Stücks befasst sich mit Oppenheimers Einstellung zur Wasserstoffbombe und ihrer Auswirkung auf ihre Entwicklung. Dazu werden in der 7. Szene Teller, Bethe, Griggs und Rabi als Zeugen vernommen. Darauf folgen in der 8. Szene die Plädoyers Robbs und Marks. Die 9. Szene enthält das Urteil des Gerichts mit dem Minderheitsvotum von Evans und dem Schlusswort Oppenheimers.
Die Grobstruktur des Dramas orientiert sich am Verfahrensablauf einer Gerichtsverhandlung, in der sich die Prozessparteien durch die Vernehmung von Zeugen, durch das Kreuzverhör und durch Plädoyers zum Prozessgegenstand äußern. Dabei ist der Gegenstand, der hier in Rede steht, nicht nur von rein verwaltungsmäßiger Art. Es geht nicht nur darum, ob die Sicherheitsgarantie des Beschuldigten verlängert werden kann, sondern auch um die Rolle der Wissenschaft unter den gegebenen politischen Voraussetzungen und um die ethische Seite naturwissenschaftlichen Forschens. Daher liegt der Sachverhalt auf verschiedenen Ebenen. Durch die Frage- und Kontraststruktur von Szenen und Zwischenszenen sowie durch die Antithetik der Standpunkte der Prozessparteien und der Zeugen wird die gesamte Spannbreite des Gegenstandes facettiert. Die einzelnen Standpunkte relativieren sich wechselseitig. Der Kontrast zwischen ihnen macht den Diskurs spannend und veranlasst den Zuschauer zur Stellungnahme. Die Struktur des Stückes lässt sich im Überblick folgendermaßen darstellen:

Erster Teil: Einstellung Oppenheimers zur Atombombe

1. Szene	Konstituierung des Ausschusses, Zeugenvernehmung Oppenheimers: „Vater der Atombombe"	
1. Zwischenszene		Robb: Sicherheit rechtfertigt Eindringen in Privatsphäre
2. Szene	Zeugenvernehmung Oppenheimers (Fortsetzung): Oppenheimer als Fellow-Traveller	
2. Zwischenszene		Evans: Demütigung, Unterwerfung Oppenheimers
3. Szene	Zeugenvernehmung Oppenheimers (Fortsetzung): Oppenheimers pro-kommunistische Kontakte	
3. Zwischenszene		Marks: Unterwerfung der Wissenschaft unter das Militär
4. Szene	Zeugenvernehmung Oppenheimers (Fortsetzung): Oppenheimers Verhältnis zum Bruder	

4. Zwischenszene		Rolander: Pragmatismus von Sicherheitsentscheidungen
5. Szene	Zeugenvernehmung Oppenheimers (Fortsetzung): Physiker als Nonkonformisten	
5. Zwischenszene		Morgan: Wertfreiheit der Wissenschaft
6. Szene	Zeugenvernehmung Oppenheimers (Fortsetzung): Chevalier-Episode Zeugenvernehmung Pashs zur Chevalier-Episode	
		Zeugenvernehmung Lansdales zur Chevalier-Episode

Zweiter Teil: Einstellung Oppenheimers zur Wasserstoffbombe

7. Szene	Zeugenvernehmung Tellers	
		Zeugenvernehmung Bethes
	Zeugenvernehmung Griggs'	
		Zeugenvernehmung Rabis

8. Szene	Plädoyer Robbs	Plädoyer Marks'
9. Szene	Urteil mit Minderheitenvotum von Evans	Schlusswort Oppenheimers

2.4 Personenkonstellation und Charakteristiken

Personen des Dramas sind außer Oppenheimer, der in eigener Sache als Zeuge aussagt, die Mitglieder des Ausschusses, die Anwälte beider Seiten und die Zeugen.

Die Angehörigen des Sicherheitsausschusses sind überwiegend durch ihre Rolle bestimmt und in nur geringem Umfang individualisiert. Am deutlichsten tritt Evans als Person hervor. Er ist als Chemiker der einzige Naturwissenschaftler und arbeitet durch Humor und gespielte Unwissenheit wichtige Sachaspekte und Verdeutlichungen heraus. So hebt er z. B. durch eine scheinbar naive Nachfrage Lansdales Vergleich des Verhältnisses zwischen Wissenschaftlern und Geheimdienstlern mit einem Fußballspiel zwischen Vögeln und Nashörnern hervor. Durch das Urteil wird deutlich, dass es im Ausschuss verschiedene Einschätzungen des Falles gibt. Durch das Minderheitenurteil wird die Individualisierung, die schon während der Verhandlung an Evans wahrzunehmen war, verstärkt. Das Votum der Mehrheit wird von Morgan und dem Vorsitzenden Gray getragen. Morgan hat sich schon im Verfahren bei der Befragung Lansdales durch die Erzählung vom Bankdirektor, der seine Kontakte mit Bankräubern verspätet meldet und bagatellisiert, als Gegenpol zu Evans dargestellt. Gray verweist durch seinen Zusatz (S. 143) nicht nur auf die formale Grundlage des Verfahrens, die zu der Verurteilung Oppenheimers führte, sondern auch darauf, dass bei einer anderen Grundlage ein anderes Urteil möglich gewesen wäre. Dadurch betont er seine formale Korrektheit, die ihn schon im Verfahren auszeichnete, und lässt eine andere Beurteilung durchscheinen, die ihm versagt war. Im Urteil

Evans

Morgan und Gray

sind daher die wenigen unterscheidenden Züge der drei Mitglieder des Ausschusses konsequent fortgeführt.
Die Rechtsvertreter der beiden Seiten und die Zeugen werfen gegensätzliche Schlaglichter auf Oppenheimers Handeln und Motive und die Entwicklung der Atom- und Wasserstoffbombe. Zugleich werden die moralischen Aspekte des wissenschaftlichen Forschens und des gesellschaftlichen Fortschritts erörtert. Die von den Anwälten befragten Zeugen gehören als Naturwissenschaftler und Geheimdienstler den beiden Gruppen an, die den Konflikt verkörpern. Die unterschiedlichen Einstellungen gehen quer durch die beiden Gruppen. So ragt Teller in menschlicher, wissenschaftlicher und politischer Hinsicht als Gegenspieler Oppenheimers hervor, während Rabi seinen Freund Oppenheimer aus unmittelbarer Betroffenheit verteidigt. Bethe unterstützt Oppenheimer ebenfalls, wenngleich eher aus der Position freundschaftlicher Verbundenheit, die auch kritische Töne zulässt.

Teller

Rabi

Auch die Angehörigen des Geheimdienstes beleuchten den Sachverhalt aus unterschiedlicher Sicht. Die Aussagen unterscheiden sich auch durch ihre Reichweite und Überzeugungskraft. Die Geheimdienstler Pash und Lansdale machen aus entgegengesetzter Sicht unter anderem den Vergangenheitsaspekt in Bezug auf Oppenheimer und das Verfahrens deutlich. Am umfassendsten sind die Statements von Teller und Bethe; sie stellen den Höhepunkt der Einvernahmen dar, während Griggs und Rabi mit ihren emotionalen Aussagen am Ende noch einmal das Klima der Hysterie verdeutlichen, in dem das Verfahren stattfindet.

Pash und Lansdale

Am Beispiel des Physikers Oppenhei-

• Oppenheimer

mer stellt Kipphardt die Problematik des modernen Wissenschaftlers dar. Das Verhör bündelt „die umfassendste und rücksichtsloseste Darstellung eines modernen Naturwissenschaftlers in seinen Widersprüchen und seinen Gewissenskonflikten und seinen geistigen Wandlungen."[1] Auf der Ebene des Dramas geht es dabei um den Gegensatz zwischen Verhalten und Einsicht der Hauptperson und um den Gegensatz zwischen der Loyalität gegenüber dem Staat und der gegenüber der Menschheit. Beide Aspekte sind im realen Oppenheimer schon angelegt und werden in der literarischen Gestaltung deutlich herausgearbeitet. Damit das Exemplarische am Einzelfall deutlich wird, darf Oppenheimer nicht als positiver Held dargestellt werden. Im Fall Oppenheimer steckt „die äußerst tragische Geschichte einer heutigen Faustfigur. Der Faust hat ja auch den Mephisto in sich [...]."[2] Der Widerspruch in der Figur Oppenheimer wird durch die Aussagen nahezu aller Zeugen unabhängig von ihrer Einstellung zu ihm bestätigt. So bezeichnet Teller seine Handlungen als „wirr und kompliziert" (S. 105) und seine Philosophie als widerspruchsvoll, und auch Bethe bezeichnet ihn als „unentschlossen" und „zu regierungsfromm" (S. 117). Aber auch Robb, der Rechtsvertreter der Atom-Energie-Kommission, sucht einen Schlüssel zu Oppenheimers Verhalten. Am unverständlichsten ist das Verhalten Oppenheimers in der Chevalier-Episode. Hier hat er die Sicherheitsbehörden verspätet und falsch über einen Spionageverdacht informiert, um seinen Freund und sich selber vor einem Verdacht zu bewahren, obwohl gerade dieses Verhalten einen solchen aufkommen lassen musste. Im Ergebnis bewirkte er für seinen Freund das Gegenteil, nämlich einen

1 *Materialien*, S. 144.
2 *Materialien*, S. 120.

ungerechtfertigten Verdacht, der seine materielle Vernichtung bedeutete. Nie hat er ihm gegenüber bekannt, dass er seine Entlassung aus der Universität und Überwachung verursacht hat. Im Hearing danach befragt, meint er dazu nur: „Er hätte es nicht verstanden, glaube ich." (S. 66) Mit der schneidenden Bemerkung möchte Oppenheimer keine weiteren Fragen aufkommen lassen. Sie verweist auf **Arroganz** als einen Grundzug seines Verhaltens, der sich noch an anderen Stellen des Hearings zeigt. So wird er z. B. von Rolander nach den außerfachlichen Einstellungen von Physikern befragt. Er möchte wissen, weshalb so viele Physiker mit pro-kommunistischen Einstellungen am Atombombenprojekt mitwirkten. Oppenheimer, kühl und sachlich auf die Effizienz bei der Projektdurchführung abhebend, weist die Frage knapp und scharf als unpassend zurück. „Mit tadellosen, das heißt konformen Ansichten macht man keine Atombombe. Ja-Sager sind bequem, aber uneffektiv." (S. 45) Die deutlich herausgekehrte Überlegenheit bewirkt das Gegenteil dessen, was dadurch beabsichtigt war, indem das Hearing nach Sicherheitsvorfällen im Kreis seiner Schüler und Mitarbeiter fragt. In der Chevalier-Episode wird noch eine weitere für Oppenheimer charakteristische Verhaltensweise deutlich, die des **Taktierens**. Durch die falsche und verspätete Mitteilung an die Sicherheitsbehörden möchte er nicht nur seinen Freund, sondern auch sich selbst vor Nachprüfungen schützen – auch hier mit gegenteiligem Ergebnis. Oppenheimer ist bestrebt, sich in allen Lagen rational und argumentativ zu verhalten. Doch seine gedankliche Überlegenheit wirkt gefühlskalt und arrogant und macht sein Verhalten unentschlossen und taktierend, wobei er sich bestenfalls für einen Augenblick Entlastung schafft. Das Problem holt ihn mit umso größerem Gewicht alsbald ein. Nur an wenigen

Stellen wird deutlich, dass Oppenheimer nicht nur intensiv über die problematische Rolle des Physikers nachdenkt, sondern auch selbst den Konflikt erlebt und darunter leidet. Doch auch diese Äußerungen erfolgen nicht direkt, sondern durch Zitate und literarische Anspielungen. So benutzt er für die Wiedergabe seiner Empfindungen bei der ersten Zündung der Atombombe zwei gegensätzliche Zitate (S. 94) und verwendet das Bild aus dem Hamlet von der Welt, die aus den Fugen geraten ist, um seine Skrupel angesichts der Verfügbarkeit von Massenvernichtungswaffen zu beschreiben (S. 14). Dafür erntet er von Robb nur Spott. Seine zögernde, nachdenkliche Verhaltensweise geht an der kommunikativen Situation der Gerichtsverhandlung vorbei und erleichtert die Tätigkeit des Anklagevertreters. Sein taktisches Verhalten löst Probleme nicht grundsätzlich, sondern verschiebt sie nur. Das Entsetzen, das Oppenheimer zusammen mit vielen anderen Physikern über die Atombombe empfindet, schlägt sich nicht konsequent in seinem Verhalten nieder. Zu seiner Mitwirkung an ihrer Entwicklung befragt, kehrt er seinen fachlichen Anteil heraus. Damit unternimmt er den untauglichen Versuch, sich für die moralischen und politischen Implikationen als unzuständig zu erklären. Ähnlich inkonsequent verhält er sich bei der Stellungnahme zu dem Franck-Report. Überzeugend wäre hier wie auch in anderen Zusammenhängen die konsequente Verweigerung gegenüber den Erwartungen der Politiker und Militärs an die Physiker. Er gibt sich in die Hand der Anklage, der es leicht fällt, seine **Inkonsequenz** als loyale Unterstützung der Regierungspolitik zu deuten und seine spätere Zurückhaltung bei der Entwicklung der Wasserstoffbombe als Illoyalität damit umso deutlicher zu kontrastieren. Indem Oppenheimer die Charakterisierung der Situation des Kernphysikers als schizophren beschreibt (S. 14), tut er einen weiteren Schritt in diese Richtung. Während er darunter den „fürchterlichen Gebrauch" (ebd.) der Forschungsergebnisse der Naturwissenschaften durch die Politiker versteht, bezieht sich Robb auf die moralischen Skrupel. Dieser macht ihn dafür lächerlich, Oppenheimer versteckt seine Verletzlichkeit hinter literarischen Anspielungen und selbstbewusst-arrogantem Verhalten, ohne dadurch die Situation zu seinen Gunsten klären zu können. Ebenso verhält sich Robb, als Oppenheimer den Konflikt der Physiker als Kennenlernen der Sünde bezeichnet (S. 16). Oppenheimer durchschaut den rhetorischen Trick der Anklage, ohne ernsthaft zu protestieren. Er lässt sich demütigen und sorgt durch sein Verhalten dafür, dass das Hearing seine politische Funktion erfüllen kann.

Oppenheimer durchschaut, dass das Problem der modernen Physik gesellschaftlicher Art ist, dass der Konflikt zwischen der Verpflichtung der Naturwissenschaften und ihren Vertretern auf Erkenntnis und Wahrheit im Interesse der Menschheit und ihres friedlichen Miteinanders und ihrer Nutzung durch die Militärs und die Politiker besteht. Dennoch übernimmt er die Sehweise der Anklage. Der Konflikt wird privatisiert und dem einzelnen Wissenschaftler zugeschoben, indem sein Verhalten zur Schizophrenie erklärt und auf fehlende Loyalität und zu Grunde liegende Charakterfehler untersucht wird. Wider bessere Einsicht macht Oppenheimer den Konflikt des Kernphysikers zu seinem eigenen Problem. Aus richtigen Einsichten zieht er keine Konsequenzen und ändert sein Verhalten nicht. Als ihn die Anklage nach seinem Verhalten bei der Entwicklung der Atombombe befragt, ohne ihn der Illoyalität zu beschuldigen, macht er sich durch den Rückzug auf die Position des

Wirkung der Verhandlung auf Oppenheimer

Fachmanns angreifbar. Als dann die Anklage sein Verhalten im Zusammenhang mit der Entwicklung der Wasserstoffbombe untersucht, betont er mit Nachdruck seine **Loyalität**, indem er auf seine Mitwirkung in beratender Form verweist (S. 86). Er lässt sich sogar unter Vernachlässigung aller Skrupel von dem wissenschaftlichen Problem faszinieren (S. 86). Je mehr er seine Loyalität betont, desto deutlicher macht er seine **Schuld**. So wird Oppenheimer in der Tat schuldig, wenngleich nicht im Sinne der Anklage, der er gleichwohl die Vertretung ihres Standpunktes erleichtert, so dass das Urteil schließlich gegen ihn ausfällt. Seine Schuld besteht nicht darin, dass er dem Staat gegenüber zu wenig loyal war, sondern dass seine Loyalität zu groß war und dass er die Wissenschaft den Militärs und Politikern ausgeliefert hat, ohne die Folgen zu bedenken. Diese Einsicht, die er zum ersten Mal in seinem Schlusswort äußert, hat die Verhandlung bei ihm bewirkt. Das Schuldanerkenntnis ist zugleich Anklage gegen die Vertreter der Behörde. Aus ihm bezieht Oppenheimer nunmehr die überzeugende Selbstsicherheit und Überzeugungskraft, die er zuvor aus der Betonung der fachlichen Kompetenz und Loyalität gewinnen wollte, was nur arrogant wirkte und ihn angreifbar machte. Indem die Anklage Oppenheimers Verhalten und Motive untersucht und ungewollt und in anderer Art eine **Schuldanerkenntnis** bewirkt, untersucht der Verfasser des Stücks am konkreten Fall dieses Physikers den Konflikt der modernen Naturwissenschaft. Seine Widersprüche verweisen auf die gesellschaftliche Problematik der Wissenschaft, die am konkreten Einzelfall belegt und nachprüfbar ist.

Pash und Lansdale

Am Ende des ersten Teils werden der Geheimdienstangehörige Pash und sein früherer Vorgesetzter Lansdale gehört. Die beiden nahezu gleich langen Zeugenaussagen zeigen gegensätzliche Perspektiven auf Oppenheimers Verhaltensweisen, insbesondere in der Chevalier-Episode. Während Pash Oppenheimers Auffassungen durch Biografie und Kontakte für kommunistisch und seine Verdachtsmeldung nach Vorführung einer Bildkassette für wahr hält, ist Lansdale der Auffassung, dass Oppenheimers Auffassungen extrem liberal sind. Den **Interessensgegensatz** zwischen den Wissenschaftlern und den Vertretern des Geheimdienstes hält Lansdale für natürlich. Daher hat er auch Verständnis dafür, dass Wissenschaftler ihnen nicht zuarbeiten, sondern versuchen, selbst Informationen und Adressaten auszuwählen und dadurch ihre Arbeit erschweren. Er fasst diesen Gegensatz in das Bild von Vögeln und Nashörnern. „Der Geist der Wissenschaft und die militärischen Sicherheitserfordernisse, das ist ein bisschen, als wenn Vögel und Nashörner miteinander Ball spielen. Jeder findet den anderen unmöglich und jeder hat Recht." (S. 68) Während Lansdale Wissenschaftler in ihrer Andersartigkeit akzeptiert, sieht sie Pash als Fachleute, die den Militärs und Politikern zuzuarbeiten haben. Aus den unterschiedlichen Einstellungen zur eigenen Aufgabe und zu den Wissenschaftlern folgen in Bezug auf Oppenheimer unterschiedliche Einschätzungen. Während Pash die Sicherheitsgarantie nicht verlängern würde, hätte Lansdale keine Bedenken dagegen, wobei er sich auf die alten Bestimmungen bezieht. Er tut dies zum einen, weil er inzwischen aus dem Sicherheitsdienst ausgeschieden ist und die neuen Bedingungen, nach denen der Fall Oppenheimer jetzt behandelt wird, nicht im Einzelnen kennt, und zum anderen, weil er insgesamt auf Grund von Lebenserfahrung pragmatischer und differenzierter urteilt. Er benötigt, anders als Pash, kei-

Wissenschaft/Geheimdienst

ne Akten als **Urteilsgrundlagen**, sondern verfügt über Menschenkenntnis. Er führt kein Tonband als Beweisstück vor, sondern hat sie vernichtet, „weil es für alle Dinge Grenzen gibt" (S. 70). Der Gegensatz zwischen den beiden Zeugen wird auch in den Grundüberzeugungen in Bezug auf den Stellenwert der Sicherheit deutlich. Während Pash die Auffassung vertritt, dass für die Verteidigung der Freiheit auf gewisse Freiheiten Verzicht geleistet werden müsse, ist Lansdale überzeugt, dass die Sicherheit durch beste Ideen und die beste Art zu leben gewährleistet werde. Die beiden Charaktere unterscheiden sich auch in sprachlicher Hinsicht. Pash ist durch einen **jargonhaften Zugriff** gekennzeichnet, der auch komplexe Sachverhalte vereinfacht und ihm den Anschein von Selbstsicherheit vermittelt. „Ich weiß heute ungefähr, wie herum ein Kernphysiker denkt und wie man sie kriegen kann." (S. 55) Lansdale hingegen wägt sorgfältig ab. Ihm geht es darum, hinter dem Verhalten den Menschen zu sehen. „Ich wollte herausfinden, was er für ein Mensch ist, was er denkt, wie er denkt, um schließlich beurteilen zu können, ob es ein Kommunist sei, wie FBI vermutet, oder nicht." (S. 67) Nicht nur wegen des anderen Ergebnisses, sondern auch wegen der anderen Grundüberzeugung und Denkweise ist Lansdale für die Vertreter der Anklage ein Zeuge, dessen Aussage es zu entkräften gilt. Dies versucht Morgan vergeblich dadurch, dass er ihm eine zur Chevalier-Episode analoge Erzählung vorlegt. Lansdale durchschaut die Funktion des Verfahrens gegen Oppenheimer und hält es für den Ausdruck einer politischen Hysterie. Er hält es für gefährlich für die Demokratie, dass Sachverhalte jetzt anders beurteilt werden als früher.

Einstellungen von Pash und Lansdale

	Pash	Lansdale
Zur Einstellung zu Oppenheimer	kommunistische Auffassungen, keine Sicherheitsgarantie	liberale Auffassungen, keine Bedenken gegen Sicherheitsgarantie
Zur Einstellung zu Wissenschaftlern	Fachleute mit völliger Loyalität, ausrechenbare Gegner	natürlicher Gegensatz zwischen Wissenschaft u. Sicherheit: Vögel - Nashörner
professionelle Methoden	Vorführung einer Bildkassette, Aktenkenntnis	Tonbänder vernichtet, Menschenkenntnis
Zur Grundeinstellung zur Sicherheit	Sicherheit durch Verzicht auf Freiheit	Sicherheit durch beste Ideen und beste Art zu leben
Charakterisierung	Jargon, Klarheit durch Vereinfachung, Klischee	differenzierte Betrachtung, Abwägung: Hysterie, politische Funktion des Verhörs

Teller und Bethe

Die beiden Zeugen Teller und Bethe haben als Emigranten vergleichbare Lebensläufe. Im Hearing tragen sie ihre gegensätzlichen Einschätzungen der Entwicklungen der Atom- und Was-

serstoffbombe, der Person Oppenheimers und ihre Auffassungen zur Frage des Verhältnisses von Vernunft und Fortschritt durch die Naturwissenschaften vor.
Teller hält im Rückblick die Entwicklung der Wasserstoffbombe zu einem früheren Zeitpunkt für möglich. Ursache dafür seien der „Katzenjammer" der Physiker im Anschluss an den Abwurf der Atombombe über Hiroshima und der Einfluss Oppenheimers. Dadurch sei es zu einem Erliegen der Entwicklung zwischen 1945 und 1949 gekommen, und danach sei die Entwicklung wegen der Beratung der Regierung durch Oppenheimer und seines Einflusses auf andere Physiker verzögert worden. Teller zweifelt „an der Diskretion, am Charakter oder an der Loyalität" (S. 105) Oppenheimers. Dagegen trägt **Bethe** die Auffassung vor, dass es nach 1945 in wissenschaftlicher und personeller Hinsicht keine Voraussetzungen für die Entwicklung der Wasserstoffbombe gegeben habe. Als Grund für die Zurückhaltung der Naturwissenschaftler bei der Entwicklung nach 1949 nennt er das allgemeine Unbehagen und die Person Tellers. Oppenheimer sei nicht für die Verzögerung verantwortlich. Er hält ihn für absolut loyal.
Ein gravierender Unterschied besteht auch in der Bewertung des Ergebnisses der Entwicklung durch beide Zeugen. **Teller** trägt in einer Erklärung seine persönliche Auffassung zur Frage des Fortschritts durch die Kernphysik vor. Danach sind Entdeckungen moralisch neutral. Nach leidvollen Erfahrungen sei die Menschheit immer zu einem sinnvollen Gebrauch neuer Entdeckungen gelangt. Daher hat er keine Skrupel wegen der Entwicklung der Wasserstoffbombe und sieht darin auch kein persönliches Problem, zumal die Folgen nicht vorhersehbar gewesen seien. Der Forscher darf sich seiner Meinung nach nicht um die Folgen scheren. Dadurch entstehe der Zwang, dass sich die Menschen auf

die neuen Entdeckungen einlassen und einen positiven Gebrauch davon machen müssten. Damit brächten neue Entdeckungen und Tatsachen letztendlich Vernunft hervor. Diese Auffassung, die bereits das Ausschussmitglied Evans mit beißender Ironie zurückweist, wird von Bethe als Unsinn bezeichnet und somit als Außenseitermeinung kenntlich gemacht. Bethe hat an der Entwicklung nur in der Hoffnung teilgenommen, dass sich die Wasserstoffbombe als nicht herstellbar erweise, doch nachdem sich dies als falsch herausgestellt habe, werde die Entwicklung nur durch die Verhinderung ihres Gebrauchs gerechtfertigt.
Die gegensätzliche Einstellung von Teller und Bethe zur Entwicklung der Wasserstoffbombe und damit zusammenhängenden Aspekten lassen sich folgendermaßen zusammenfassen:

Einstellung	**von Teller**	**von Bethe**
zur Entwicklung der Wasserstoffbombe 1945 und 1949	Voraussetzungen gegeben	keine Voraussetzungen in wissenschaftlicher und personeller Hinsicht gegeben
zu Oppenheimer	Verzögerung der Entwicklung, Illoyalität	loyales Verhalten
zur Mitwirkung an der Entwicklung der H-Bombe	verlangt Mut, dient dem Fortschritt	Unsinn
zur Vernunft	neue Entdeckungen führen durch Leid zur Vernunft	Vernunft muss durch Abrüstung herbeigeführt werden

Durch die beiden Zeugenaussagen wird die Rivalität zwischen Oppenheimer und Teller deutlich, auf die sich Bethe bezieht: „Sie mochten sich nicht" (S. 113). Während Oppenheimer der Inspirator und Organisator des Projekts war, war Teller das nicht in die Forschergruppe integrierbare Genie. Oppenheimer geht reflektierend mit seiner Aufgabe und seinen Erfahrungen bis hin zur Widersprüchlichkeit um; Teller hingegen geht geradlinig ungeachtet aller Widerstände seinen Weg. Auf unterschiedliche Weise sehen sie in der Arbeit des Wissenschaftlers Vernunft und Fortschritt am Werk. Nach Oppenheimer verwirklichen sie sich in der Abrüstung, während sich für Teller neue Tatsachen nach dem Durchgang durch eine Phase des Leidens einen Zustand der Vernunft schaffen. Die Einstellungen von Oppenheimer und Teller sind in der folgenden Tabelle zusammengefasst:

Einstellung	**von Oppenheimer**	**von Teller**
zum Projekt	Inspirator und Organisator	Genie, sprunghaft und chaotisch
zur Vernunft	Vernunft soll Tatsachen setzen: Abrüstung	Fakten schaffen Zustand der Vernunft: Fortschritt
zum Vorgehen	widersprüchlich, inkonsequent, zaudernd, taktierend	geradlinig, gegen Widerstände angehend

Griggs und Rabi

Die Aussagen der letzten beiden Zeugen, Griggs und Rabi, werden aus sehr persönlicher Sicht entschieden vorgetragen. Beide State-

ments sind stark emotional eingetrübt und machen das Klima deutlich, in dem Freund und Feind Leistung und Verhalten Oppenheimers beurteilen.
Griggs wird durch die Bühnenanweisung als „ehrgeizig, hübsch und unbedeutend" (S. 120) charakterisiert. Als engstirniger Vertreter der Air Force vertritt er, ohne Fakten aufweisen zu können, eine Verschwörungstheorie. Seine Verdächtigungen übernimmt er aus der Presse und von seinen Vorgesetzten. Sein Statement ist das kürzeste von allen Zeugen. Ein Kreuzverhör erübrigt sich. **Rabi** hingegen rühmt die wissenschaftlichen Verdienste seines Freundes Oppenheimer, für den er eine Solidaritätskampagne organisiert. Er versetzt sich in dessen Lage und sieht sich selbst bedroht. Indem er das Hearing als Tribunal bezeichnet, das wegen Oppenheimers nonkonformistischer Auffassungen veranstaltet werde und das eine Gefahr für die Demokratie darstelle, unterstützt er die schon von einem anderen Zeugen vorgetragene Auffassung, dass das Verfahren in einem Klima der Hysterie stattfinde.

2.5 Sachliche und sprachliche Erläuterungen

Zu den Personen und Sachverhalten, die im Stück in Rede stehen, werden im Folgenden Hinweise gegeben, sofern sie nicht im Kontext des Stückes erläutert werden:

S. 7 **Atomenergiekommission, Atomic Energy Commission (AEC):** 1946 gegründet; aus dem Manhattan-Projekt hervorgegangen und dessen zivile Fortführung; bis 1954 Regierungsbehörde, danach auch Beteiligung von Wissenschaft und Wirtschaft; zuständig für Fragen der Regulierung, Entwicklung und Durchführung bei der Nutzung der Kernenergie; Beratung der Regierung; Arbeit mit kleinem Stab, dezentraler Aufbau; lehnte auf Grund einer Konferenz des General Advisory Committee (GAC) unter Einfluss Oppenheimers die Entwicklung der Wasserstoffbombe ab.

S. 8 **McCarthy, Joseph Raymond:** 1909–1957, amerikanischer Politiker, Jurist, Senator seit 1946; erhob 1950 Anschuldigungen wegen angeblicher Sicherheitsrisiken im State Department; Feldzüge gegen vermeintliche Kommunisten und Sympathisanten; sprach in Bezug auf die Regierungszeit F. D. Roosevelt von 20 Jahren Verrat, später auch auf die Präsidentschaft Eisenhowers bezogen, was aber Eisenhowers Wiederwahl 1952 nicht verhindern konnte. Überprüfung der Vorwürfe durch mehrere Untersuchungsausschüsse; 1954 Rüge durch den Senat. Umstritten wegen undemokratischer Methoden; kontraproduktiv für die Sicherheit durch Schaffung einer Atmosphäre der Hexenjagd.

S. 9 **Einstein, Albert:** 1879–1955, Physiker, seit 1940 amerikanischer Staatsbürger, veröffentlichte 1905 die Relativitätstheorie, wies aus Furcht vor einer deutschen Atombombe Roosevelt 1939 auf die Atomenergie als militärisches Potenzial hin; bedauerte nach dem Krieg den Einsatz von Kernwaffen; sprach sich gegen das Wettrüsten aus.

S. 12 **Fermi, Enrico; Lawrence, E. O.; Compton, Arthur Holly:** Mitglieder eines wissenschaftlichen Beirats des Interimausschusses für Atomenergie, zu dem auch Oppenheimer gehörte; eingesetzt, um sich mit dem Franck-Report auseinander zu setzen; erarbeitete 1945 ein Gutachten zum Einsatz der Atombombe: Die Empfehlung des Ausschusses setzte sich in der politischen Diskussion gegen den Franck-Report durch.

S. 15 **Franck, James:** 1882–1964, deutsch-amerikanischer Physiker, Nobelpreisträger 1925; schuf wichtige Grundlagen für die Theorien von Max Planck und Niels Bohr; 1920–1933 Professor der Physik in Göttingen; gab 1933 seinen Lehrstuhl aus Protest gegen Hitler auf und emigrierte in die USA; nach ihm ist der Franck-Report (1945) benannt: Bericht an das Kriegsministerium mit der Aufforderung zum Verzicht auf den Einsatz der Atombombe; Forderung nach internationaler Kontrolle von Nuklearwaffen.

S. 19 **FBI**: Federal Bureau of Investigation. Ein Bericht des FBI an die AEC mit überwiegend bekanntem Material löste den Fall Oppenheimer aus. Einsetzung einer Kommission durch die AEC zur Untersuchung der Vorwürfe und Konfrontation Oppenheimers 1953 mit den Vorwürfen. Weigerung Oppenheimers, von seinem Beraterposten zurückzutreten; die Verhandlung vom 12. 4. bis 6. 5. 1954 liegt Kipphardts Text zu Grunde.

S. 31 **Weinberg, Josef:** Schüler von Oppenheimer in Berkeley; verriet 1943 Informationen über die Gewinnung von Uranium 235 an die Kommunistische Partei.

S. 35 **Groves, Leslie R.:** 1896–1970, General, seit 1941 zuständig für militärisches Bauwesen (u. a. Bau des Pentagon); von Präsident Roosevelt im Juni 1942 mit dem Projekt zur Entwicklung der Atombombe beauftragt, legte durch seine Entscheidung für Oppenheimer als Leiter und Los Alamos als Standort den Grundstein für das Manhattan-Projekt.

S. 38 **Joliot, Frédéric; Joliot-Curie, Irène:** Forscherehepaar; 1934 Entdeckung der künstlichen Radioaktivität; 1939 Nachweis der Atomspaltung und der Kettenreaktion.

S. 38 **Fuchs, Klaus:** 1911–1988; emigrierte über Großbritannien in die USA; seit 1942 amerikanischer Staatsbürger; 1943–1950 Mitarbeit in Los Alamos; Geheimnisverrat an die Sowjetunion, die so etwa ein Jahr bei der Entwicklung ihrer Atombombe sparte; ging nach der Haftentlassung 1959 in die DDR.

S. 53 **Gewerkschaft der Wissenschaftler und Ingenieure:** Gemeint: Federation of Architects, Engineers, Chemists, and Technicians (FAECT).

S. 60 **Bohr, Niels:** 1885–1962, dänischer Physiker, vertrat mit der Quantentheorie eine wesentliche Grundlage der Atomphysik, 1944/45 Teilnahme an der Entwicklung der Atombombe als Berater; 1922 Nobelpreis für Physik; trat 1944 in einem Memorandum für internationale Kontrolle von Kernwaffen ein.

S. 79 **Affaire Dreyfus:** Auf Grund falscher Anschuldigungen 1894 verurteilter französischer Offizier jüdischer Herkunft; trotz erwiesener Unschuld im Revisionsprozess erneute Verurteilung, nach Begnadigung erst 1906 Rehabilitierung; Verurteilung E. Zolas, der sich für ihn einsetzte *(J'accuse)*; Erschütterung des französischen Staates durch innenpolitische Krise.

S. 86 **Fermi, Enrico:** 1901–1954, italienischer Physiker; nach ihm ist der Preis benannt, den Oppenheimer 1963 erhielt; entdeckte 1939 die Kernumwandlung durch Neutronenbeschuss; führte 1942 erste sich selbst erhaltende Kettenreaktion durch.

S. 86 **Teller, Edward:** *1908, Leiter des Projekts zur Entwicklung der Wasserstoffbombe, die parallel zu der Atombombe in Los Alamos lief. Widerstand in der AEC gegen das Projekt auf Grund der Erfahrungen mit der Atombombe.

S. 90 **Korea-Krieg:** 1950–1953; Nordkoreas Versuch der Vereinigung mit Südkorea unter kommunistischem Vorzeichen durch Infiltration und militärische Offensiven; Südkorea schlug den Versuch mit Unterstützung der USA und von UN-Truppen zurück. Ende des Krieges durch das Abkommen von Panmunjom. Ergebnis: 38. Breitengrad als Grenze und entmilitarisierte Zone.

2.6 Stil und Sprache

Kontext des Prozesses

Die Eigenart des Prozesses hat Kipphardt im Drama berücksichtigt. Er wurde in der Wirklichkeit durch einen Bericht des FBI angestoßen, zu dem Oppenheimer in einer ausführlichen Entgegnung Stellung nahm. Zur Überprüfung des Vorgangs setzte die Atomenergiekommission einen Ausschuss ein, der darüber in der Form eines Prozesses unter Ausschluss der Öffentlichkeit verhandelte. Unter seinen Mitgliedern, die von der Behörde ernannt wurden, war nur ein Naturwissenschaftler, zwei von ihnen waren der Behörde politisch oder geschäftlich verbunden. Die Verteidigung hatte keine vollständige Akteneinsicht erhalten. Durch den Erlass neuer verschärfter Sicherheitsbestimmungen war über die Verlängerung der Sicherheitsgarantie für Oppenheimer zu beschließen. Dieser hätte auch seine alte Sicherheitsgarantie ablaufen lassen können, doch angesichts des FBI-Berichts war er an einem Verfahren interessiert. Die Umstände des Verfahrens verstießen gegen rechtsstaatliche Grundsätze.

Konstituierung des Ausschusses

Der Prozess fand in einer Atmosphäre der Hexenjagd statt, die besonders durch Senator McCarthy betrieben wurde. Für den geringer gewordenen Vorsprung der Amerikaner gegenüber der Sowjetunion im Rüstungswettlauf waren die Politiker um Gründe verlegen. Dafür mussten u. a. Kritiker wie Oppenheimer als Sündenböcke herhalten.

Das Verfahren war also im Ursprung ein verwaltungsinterner Vorgang und wurde in der Art eines Prozesses unter Verletzung rechtsstaatlicher Grundsätze abgewickelt. An seinem Ausgang bestand ein erhebliches politisches Interesse. Der besondere Charakter des Prozesses wird auch im Stück deutlich. Die im Folgenden genannten Züge wurden ohne Änderung aus den Dokumenten übernommen: die **Zusammensetzung des Ausschusses** (S. 8 ff.), der **politische Kontext** durch die Einfügung des Zitats von McCarthy (S. 8), die **Verletzung von rechtsstaatlichen Grundsätzen** (S. 19), die neuen Sicherheitsbestimmungen (S. 20). Der politische Zusammenhang wird auch durch Lansdales Hinweis auf die Hysterie (S. 73) und Rabis Zeugenaussage deutlich herausgearbeitet.

Prozessablauf

Der Ablauf des Geschehens ist durch den Prozesscharakter vorgegeben. Auf die Konstituierung des Ausschusses folgt das **Verhör** Oppenheimers und die Einvernahme der **Zeugen**. Daran schließen sich die **Plädoyers** von Anklage und Verteidigung an, darauf folgen das **Urteil** und das **Schlusswort** des Angeklagten. Das dramatische Geschehen hingegen wird durch die antithetische Struktur bestimmt, die sich nicht nur in der Abfolge und Zuordnung der Zeugenaussagen und im Wechsel von Fragen und Antworten, sondern auch in Sprache und Gedankenführung äußert.

Antithetische Struktur

Das Verhalten des Anklagevertreters ist zielstrebig darauf gerichtet, Sachverhalte so darzustellen, dass sie Oppenheimer belasten, während dieser die vorgelegten Fragen zum Anlass nimmt, seinen Lebenslauf zu reflektieren. Robb geht es nicht darum, dass „sich der Ausschuss mit den schwierigen Pflichten des Physikers in unserer Zeit" (S. 9 f.) beschäftigt. Für Robb stehen die Antworten schon fest, er will sie sich nur bestätigen lassen, während sie für Oppenheimer noch offen sind. Die Anklage verfolgt eine Strategie, errichtet Fallen, stellt Fangfragen, ohne dass dies für den mit sich selbst und seiner Vergangenheit befassten Angeklagten durchschaubar ist. So gebraucht

Robb den Begriff Schizophrenie (S.14), um Oppenheimers Skrupel wegen des Einsatzes der Atombombe unglaubwürdig zu machen und, indem sie in den Bereich des **Kranken und Abnormen** abgedrängt werden, allein dem Angeklagten zuzuschreiben. Die Verwendung von unangemessenem **Alltagsjargon und Ironie** unterstreicht die intendierte Wirkung. Statt dass Oppenheimer diese Schizophrenie-Unterstellung zurückweist, greift er den Begriff auf und beschreibt damit die Situation von Kernphysikern. Robb verfährt noch einmal so, als Oppenheimer den Weltzustand bezeichnenderweise mit den Worten des reflektierenden und zaudernden Hamlet beschreibt: „Die Welt ist auf neue Entdeckungen nicht eingerichtet. Sie ist aus den Fugen." (S. 14) Er greift zum dichterischen Wort (wie später noch einmal bei der Schilderung des Eindrucks der ersten Atombombe auf sich). Mit einer plump-vertraulichen und ironischen Bemerkung, die augenzwinkernd die literarische Quelle erwähnt, will Robb den Ernst der Aussage Oppenheimers mindern: „Und Sie sind ein bisschen gekommen, sie einzurenken, wie Hamlet sagt?" (S. 14) Die Ambivalenz des Wortes Sünde, das Oppenheimer gebraucht, um die Situation der Physiker zu umschreiben, benutzt Robb, um Belastungspunkte zusammenzutragen: „Von diesen Sünden wollen wir reden." (S. 17) In seinem Eifer ist Robb bestrebt, Wortbedeutungen zu besetzen, was in letzter Konsequenz zum **Neologismus** des Gedankenverrats in seinem Plädoyer führt.

Fragetechnik

Eine andere von Robb verwendete Fragetechnik besteht darin, **Scheinalternativen** aufzubauen, Zeugen in Sackgassen laufen zu lassen und durch **Begriffsdefinitionen** zu verwirren. So konstruiert er einen Gegensatz zwischen Oppenheimers Loyalität zu seinem Bruder und der zu den Sicherheitsbehörden. Diesen Gegensatz weist der Beklagte zurück, doch der Vorwurf mangelnder Loyalität ist wieder einmal gefallen (S. 41). Lansdale spricht mit Recht von dem Klima der Hysterie. Robb versucht, diese Aussage gegen ihn zu wenden: „Meinen Sie, dass dieses Verfahren ein Ausdruck von Hysterie ist?" (S. 73) Unabhängig davon, ob die Antwort bejahend oder verneinend ausfällt, wendet sie sich gegen den Zeugen, der deshalb zunächst einer Antwort ausweicht. Doch Robb besteht auf einem undifferenziertem Ja oder Nein, das der Zeuge aber nicht geben mag. Eine weitere verwirrende Fragetechnik, mit der Robb belastende Aussagen herausfordert, besteht darin, Begriffsdefinitionen abzuverlangen. Die **Schlüsselwörter** seiner Anklage sind durch die Frage nach Begriffserklärungen ausgewiesen. So fragt er beispielsweise Oppenheimer nach der Bedeutung von Spionage (S. 35) und Verrat (S. 52). Dieser Strategie entspricht, dass Spionagefälle unter Oppenheimers Schülern ihm persönlich als Belastungspunkte zugerechnet werden und dass Zeugen, die zu seinen Gunsten aussagen, diskreditiert werden. So fragt er Rabi, der sich am vehementesten für Oppenheimer einsetzt, weil er in dem Verfahren gegen ihn einen Angriff gegen die Freiheit der Forschung und die Grundlagen der Demokratie sieht, danach, ob er Geld in einen Fond zur Unterstützung des Angeklagten eingezahlt habe (S. 130).

Einer derartigen Strategie, die auch vor schmutzigen Tricks nicht zurückschreckt, hat Oppenheimer nichts entgegenzusetzen. Als ihm Robb die Feststellung, dass es in jedem Fall richtig sei, der Regierung die ungeteilte Loyalität zu geben (S. 89), zur Zustimmung vorlegt, weist er dieses Ansinnen nicht zurück, sondern denkt darüber nach. Er strebt wie bei einem wissenschaftlichen Diskurs gedankliche und sprachliche Genauigkeit seiner Aussagen an. Er tut dies in der Erwartung, dass er damit einen Sachverhalt klärt; in Wirklichkeit jedoch sind die Unterscheidungen für die juristische Bewertung irrelevant, und Oppenheimer liefert Robb nur weiteres Material. So weist er die Formulierung, dass er gegen die Entwicklung der Wasserstoffbombe gewesen sei, zurück und setzt an ihre Stelle die Wendung, er sei dagegen gewesen, die Initiative zu ergreifen (S. 91). Im selben Zusammenhang stellt er Robbs Formulierung richtig, dass er sich einem Test widersetzt habe: „Widersetzen ist zu stark, ich war für eine Verschiebung." (S. 92)

Mit der dargestellten Strategie ist die Anklage bestrebt, den Zustand so bedrohlich erscheinen zu lassen, dass die Aberkennung der Sicherheitsgarantie als einzig möglich Maßnahme erscheint. Da die schon in früheren Verfahren geprüfte Faktengrundlage schwach ist und die Verdienste Oppenheimers offensichtlich sind, hat sie einen schwierigen Stand. Unterstützung findet sie nur in den neuen verschärften Sicherheitsbestimmungen. Da es in der **politischen Logik des Verfahrens** liegt, dass die Anklage obsiegen soll, nimmt sie zu den dargestellten Mitteln Zuflucht.

Rhetorik

Die schwache Beweislage spiegelt sich auch in Robbs Plädoyer. Die rhetorische Grundfunktion des Mitreißens (movere) überwiegt gegenüber denen des Darstellens (docere) und Gefallens (delectare). Die Gerichtsrede (genus iuridicale) wird ergänzt um Elemente der Beratungs- und Ermahnungsrede (genus deliberativum) und der Lob- und Tadelrede (genus demonstrativum). Durch die Mischung der Redearten nimmt der Vortrag der Anklage gegen Ende geradezu Züge der Propagandarede an und gibt damit ihre politische Funktion zu erkennen.

Das einleitende **exordium** soll mit einem Feuerwerk rhetorischer Mittel das Wohlwollen und die Aufmerksamkeit des Ausschusses gewinnen. Das Zugeständnis, dass der Ankläger Oppenheimers große Leistung als Physiker, seine Biografie und Persönlichkeit durch Tropen wie **Übertreibung** („Reiz der Persönlichkeit") und **Litotes** („Niemand von uns bezweifelt") und die syntaktische Figur der Umstellung („Ohne unseren Willen"; „Zu unserem Kummer") rühmt, soll den Boden für die Akzeptanz der **narratio** schaffen. Diese beginnt mit Schilderung des vom Ankläger als belastend dargestellten Zustandes von Oppenheimers pro-kommunistischen Kontakten. Dazu dienen Figuren der **Wiederholung** wie **Anapher** („Er besuchte ..., er las ..., er spendete ..., und er gehörte ..."), **Verdeutlichung** („dass es edle Motive waren, der Wunsch nach sozialer Gerechtigkeit und die Sehnsucht nach einer idealen Welt") und Bekräftigung in Verbindung mit einer weiteren Anapher („auch nachdem sein Enthusiasmus erkaltet war, auch nachdem er sich von den politischen Erscheinungsformen des Kommunismus in Russland enttäuscht abgewandt hatte"). Sie alle tragen immer wieder das **Schlüsselwort** „kommunistisch" für Oppenheimers Kontakte vor, die in Häufung genannt werden („Seine nächsten Verwandten, die Mehrzahl seiner Freunde und Bekannten waren Kommunisten oder Fellow-Travellors"). Die belastende Zustandsbeschreibung wird mit Hilfe einer kurzschlüssigen Folgerung herbeigeführt: Da die Kommunisten „uns" bedrohen und Oppenheimer Kontakte mit Kommunisten unterhalten hat, ist er für uns eine Bedrohung. Als Voraussetzung wird die **petitio principii** hinzugezogen, dass er immer noch kommunistische Sympathien hege, was durch das Zugeständnis der edlen Motive leichter glaubhaft gemacht werden soll. Indem Robb von „unserem Kummer" spricht, der

Redemittel

„unsere Sicherheit" bedrohe, macht er von Mitteln der Propagandarede Gebrauch. In dem umfassenden „uns" werden die Mitglieder des Ausschusses, der Ankläger und alle gesetzestreuen Amerikaner den bedrohlichen Kommunisten unter Einschluss von Oppenheimer und seinen Freunden, Bekannten und Kollegen gegenübergestellt. Statt die Voraussetzungen zu beweisen, führt er anaphorisch Behauptungen und Beispiele an („Sie zeigte sich, als ...") und konstruiert einen **Scheingegensatz** zwischen der Treue zu einem kommunistischen Freund und der Treue zu den Vereinigten Staaten.
Indem die Anklage in der eingeschobenen **refutatio** das Argument der Gegenseite, dass die Handlung weit zurückliege, vorwegnimmt und sie mit **Hyperbeln** wie „Anfechtung", „Tragik" oder „Versagen" dämonisiert, versucht sie die Argumente der Gegenseite zurückzuweisen und die eigenen Argumente mit mehr Überzeugungskraft auszustatten.
Die weitere **narratio** arbeitet mit Unterstellungen, unbewiesenen Behauptungen und Gemeinplätzen. Es wird entgegen dem Ergebnis der Zeugeneinvernahmen suggeriert, dass Oppenheimers Haltung gegenüber der Wasserstoffbombe durch den Wechsel der Sowjetunion vom Kriegspartner zum politischen Rivalen der Vereinigten Staaten bedingt sei. Mit Hilfe dieser Unterstellung wird auf seine Illoyalität gegenüber den USA geschlossen. Die Behauptung, dass die Wasserstoffbombe „im besten Interesse der Vereinigten Staaten gelegen hätte", führt zu der Folgerung, dass gegen die Interessen der USA ist, wer sich gegen die Wasserstoffbombe ausspricht. Die nur auf Unterstellung, falschen und unbewiesenen Voraussetzungen beruhenden **kurzschlüssigen Deduktionen** werden durch Aufbauschen („sogar als", „immer noch") **dramatisiert**. Sie zielen unter Zuhilfenahme von Zitaten von Zeugen, die Robb selbstständig zusammen-

fasst („eine besonders geschickte Form von Verrat"), auf die Konstruktion eines Widerspruchs zwischen Oppenheimers Worten und Handlungen.

In der abschließenden **conclusio** wird dem Angeklagten noch einmal zugestanden, dass er kein Verräter der bekannten Kategorien ist. Damit ist der Boden für die Schlussfolgerung vorbereitet, für die der Ankläger den **Neologismus** vom „Gedankenverrat" prägt. Auch das vermeintliche Motiv der Fortdauer einer pro-kommunistischen Einstellung ist bereitgestellt. Indem Robb auf die Vorstellung von der Tragik mehrfach zurückgreift und sie emphatisch verdeutlicht („anhaltende Tragik"), verleiht er dem Geschehen den Charakter des Schicksalhaften. Unter dem Vorwand, dem Angeklagten mit Achtung und Verständnis zu begegnen, ist ein Charakterbild entworfen worden, das ihn ausgrenzt und die Handhabe für die angestrebte politische **Diskreditierung** bietet. Robb beendet sein Plädoyer mit der Sentenz: „Was Amerika heute aber wirklich braucht, das ist eine Stärkung seiner wirtschaftlichen, seiner militärischen, seiner politischen Macht." Die Vielzahl rhetorischer Mittel (Umstellung, Rückgriff, Asyndeton, Anapher, Häufung) soll vor der abschließenden **peroratio** aufrütteln. Darin beschreibt der Ankläger zunächst die beantragte Maßnahme ex negativo in einem Stilbruch, wenn er sagt, dass es bei dem Preis für die Freiheit keinen „Rabatt" geben dürfe, bevor er im **Gestus der Bescheidenheit** („Nach meiner Überzeugung") dem Ausschuss den Entzug der Sicherheitsgarantie für Oppenheimer anheim stellt.

Da die Anklage wegen der schwachen Beweislage und des hohen Ansehens des Angeklagten eine strittige Sache (**res dubia**) vertritt, muss sie einen hohen rhetorischen Aufwand treiben, der sich vor allem auf die Funktion des movere stützt, um ihre Sicht des Zustandes zu vermitteln, und nur der politische Kontext des Verfahrens garantiert, dass sie sich durchsetzen kann. Die Verteidigung hingegen vertritt eine sichere Sache (**res certa**) und eine vernünftige Sicht des Zustands. Sie greift auf den Vortrag des Anklagevertreters zurück und wendet dessen Plädoyer gegen ihn, um festzustellen, dass der Zustand nicht so ist wie behauptet. Daher sei auch die angestrebte Maßnahme gefährlich und entbehrlich.

Einleitend greift Marks im **exordium** auf die Feststellungen der Anklage zurück und zieht aus ihr die überraschende, aber konsequente Folgerung, „dass dieses Verfahren keine Tatsachen gebracht hat, die Oppenheimers Loyalität in Zweifel ziehen" (S. 137). Sie wird in der folgenden **narratio** durch Gemeinplätze belegt. Diese werden durch die Formel („Es ist allgemein bekannt") eingeleitet und rufen unstrittige Tatsachen wie die bekannten Einstellungen Oppenheimers und der meisten Intellektuellen und die Politik des New Deal in Erinnerung. Mit Ironie trägt er vor, dass kein neues Material (auch nicht in der Chevalier-Episode) vorgelegt wurde, obwohl die Anklage Zugang zu Akten hatte, in die die Verteidigung keine Einsicht nehmen durfte. Nach kurzer Ausführung von Tatsachen kommt Marks zu der **conclusio**, dass für Oppenheimer kein Loyalitätskonflikt bestand.

Auf dieser Basis verdeutlicht er die Frage, die vom Ausschuss zu beantworten ist, „ob es ehrliche Ratschläge waren, und ob sie im besten Interesse der Vereinigten Staaten abgegeben wurden oder nicht" (S. 138). Den Vorwurf der mangelnden Begeisterung Oppenheimers für die Wasserstoffbombe, der durch Zeugen der Anklage erhoben wurde, greift er auf und führt ihn ad absurdum. An die Stelle des Begriffs der Tragik, den die Anklage einführte, setzt Marks den des

Mythos, um die Beschuldigungen der Anklage für unbegründet zu erklären. Diese Intention wird auch durch die folgenden emphatisch vorgetragenen Fragen unterstützt. Sie zielen darauf, die Beurteilungsgrundlage durch den Gegensatz zwischen dem Zweifel an der Loyalität und dem an der Weisheit des Angeklagten zu differenzieren. Damit ist die Grundlage für die Widerlegung des für die Strategie der Anklage zentralen Begriffs des Gedankenverrats gelegt. Auf ihn greift Marks zurück und wendet ihn gegen die Anklage, indem er mit – psychologischem Geschick – mit Hilfe eines Zitats von Oppenheimer die verheerenden Folgen des eingeführten Begriffs aufzeigt.

Die Verteidigung weist nach, dass die Situation keineswegs bedrohlich sei, sondern dass im Gegenteil von der Vorstellung des Gedankenverrats eine Gefahr für die Freiheit von Wissenschaft und Meinung und der politischen Freiheit ausgehe. Die Aberkennung der Sicherheitsgarantie für Oppenheimer sei daher eine ungeeignete und gefährliche Maßnahme.

Urteil und Schlusswort

Die in den Schlussplädoyers ausgeführten Bewertungen werden in ihrer **Gegensätzlichkeit** im Urteil (einschließlich Minderheitsvotum) und Schlusswort wieder aufgegriffen. Das Urteil weist zwar den Vorwurf der Illoyalität zurück, sieht aber in Oppenheimers Verhalten in der Chevalier-Episode einen schwerwiegenden Belastungspunkt. In seinem abweichenden Votum äußert Evans seine Besorgnis angesichts der Abhängigkeit von Bewertungen von den jeweiligen Zeitumständen und hebt die Ehrlichkeit von Oppenheimers Beratungstätigkeit hervor.

Bewertungsebenen

Die von Anklage und Verteidigung vorgetragenen Bewertungen werden aber auch modifiziert und neu vorgenommen. Dies gilt für Oppenheimers Verhalten bei der Entwicklung der H-Bombe, das als Ausdruck mangelnden Vertrauens gegenüber der Regierung gedeutet wird. Daraus leitet der Ausschuss mehrheitlich die Folgerung ab, dass auch Oppenheimer keinen Anspruch auf das Vertrauen der Regierung habe. Die Frage, ob die Sicherheitsgarantie Oppenheimers verlängert wird, erhält eine weitere ausschlaggebende Nuance. Über Oppenheimer wird ein vernichtendes moralisches Werturteil gefällt, das zum einen den politischen Kontext verschleiert und zum anderen die Unangemessenheit des juristischen Verfahrens zu erkennen gibt. Aber auch Oppenheimer ändert seine Bewertung des Vorgangs. Er akzeptiert die Konstruktion des Gedankenverrats in Bezug auf die Überlassung der Forschung an die Militärs. Während er sich zu Beginn des Prozesses für unschuldig hielt, nimmt er am Ende seine Schuld an. Öffentliche Anerkennung und persönliches Schuldempfinden stehen konträr zueinander. Die Schuld ist nicht dem Angeklagten allein eigen, sondern sie ist Ergebnis der schizophrenen Situation, in der Bedeutung und Ohnmacht der Physiker insgesamt zusammenfallen. Das wissenschaftliche Streben nach Erkenntnis, das nur in Zusammenarbeit mit den Militärs durch die Entwicklung von Massenvernichtungswaffen realisiert werden kann, führt in die Schuld. Daher spricht Oppenheimer davon, dass die Physiker die Arbeit des Teufels getan hätten (S. 147). Diese Einsicht bezeichnet er als Wandlung seiner Haltung. Eine Entwicklung wird jedoch im Verlauf des Stücks nicht sichtbar; vielmehr äußert er die wesentlichen Gedanken des Schlusswortes bereits während seines Verhörs.

Wandel

2.7 Interpretationsansätze

Zugänge zum Verständnis des Stücks werden durch den Titel des Stücks, Kipphardts Äußerungen zum Stück, seine Gestaltung und Intention und die Rezeption des Dramas sowie seine Aktualität eröffnet.

Titel des Stücks

Als **Titel** seines Stücks hat Kipphardt die folgenden Alternativen in Betracht gezogen:[3] „Das Verhör", „Die Bombe", „In der Sache J. Robert Oppenheimer", „Die Epidemie", „Sprich nicht, schreib nicht, rühr dich nicht" und „Die H-Bombe".

Die Formulierung „In der Sache" im gewählten Titel des Stücks weist auf ein **Gerichtsverfahren** hin, von dem der namentlich genannte Atomphysiker J. Robert Oppenheimer betroffen ist. Der verworfene Titel „Das Verhör" hätte nur einen Aspekt des Prozesses hervorgehoben. In den Alternativen „Die Bombe" und „Die H-Bombe" wäre das Ausgehen vom exemplarischen Einzelfall zu Gunsten des Sachaspekts nicht zum Zuge gekommen. Die kritische Intention des Stückes wäre durch die Titel „Die Epidemie" und „Sprich nicht, schreib nicht, rühr dich nicht" mehr oder weniger deutlich vorweggenommen worden. Dem entsprechen auch die Bezeichnungen „Tribunal" und „Hearing", die den politischen Charakter des Prozesses charakterisieren. Im letztlich gewählten Titel kommen alle in den Alternativen angesprochenen Möglichkeiten am ehesten zusammen.

Äußerungen Kipphardts

In einem Brief vom 12. Oktober 1964 beklagt sich J. Robert Oppenheimer bei Kipphardt darüber, dass „Sie Dinge erfinden, die nicht nur nicht geschahen, sondern die auch nicht geschehen

3 *Materialien*, S. 142.

konnten und darum auf gewichtige Weise unwahr sind."[4] Er verweist auf die Darstellung Bohrs und darauf, dass er in Wirklichkeit kein Schlusswort gehalten hat. Er sieht sich mit seinem Wirken falsch dargestellt und bewertet.

„Es scheint mir, dass Sie wohl Guernica, Dachau, Coventry, Belsen, Warschau, Dresden und Tokio vergessen haben. Ich habe es nicht. Wenn Sie es für nötig halten, Ihre Hauptfigur so falsch auszulegen und darzustellen, sollten Sie meiner Meinung nach vielleicht über jemand anderen schreiben. Auch sollten Sie meines Erachtens nicht zu sicher sein, dass die gegebene Situation keine Handhabe gibt für juristische Schritte gegen Sie und die für die Aufführung Ihres Stückes Verantwortlichen."[5]

Im Antwortbrief setzt sich Kipphardt mit **Oppenheimers Vorwürfen** auseinander:

„Was Dachau und Belsen angeht, so kann ich sie schwerlich vergessen, da mein Vater ein politischer Häftling im KZ Buchenwald war. Ich habe auch niemals die Dummheit goutiert, in Deutschland über die schreckliche und unnötige Bombardierung Dresdens zu lamentieren, ohne zu bedenken, dass Dresden die unheilvolle Konsequenz von Guernica, Rotterdam und Coventry war. Wenn ich die Fragen meines Stücks nicht im eigenen Hause, in Deutschland, behandeln kann, so liegt das an dem Umstand, dass es ein deutsches Atomwaffen-Projekt glücklicherweise nicht gab, und so hoffe ich, auch ferner nicht geben wird. Das Stück ist aber deshalb in gar keiner Weise antiamerikanisch etwa, es ist nicht wissenschaftsfeindlich, und es ist nicht im platten Sinne ein Anti-Atombomben-Stück. Es

4 *Materialien*, S. 166 f.
5 *Materialien*, S. 166 f.

bemüht sich vielmehr, nüchtern und objektiv die Fragen zu stellen, wie den großartigen Entdeckungen der Naturwissenschaften ihr menschenfreundlicher Aspekt abzugewinnen wäre, und ob nicht einiges zu tun nötig wäre, den menschenfeindlichen Aspekt von uns zu wenden. Ich weiß, dass es dafür keine Patentlösung gibt, aber ich denke, es ist die Aufgabe des Schriftstellers, seinen Zeitgenossen die Fragen zu unterbreiten, die sie ihrer schwer vorstellbaren Folgen wegen gerne verdrängen. In dieser Bemühung wenigstens weiß ich mich mit Ihnen einig, und wenn ich in den Zeitungen Ihre in Genf vorgetragenen kühnen Gedanken lese, ob nicht die Zeit gekommen sei, den Geist der Wissenschaftlichkeit auf neue Weise wiederherzustellen, so finde ich der Übereinstimmungen mehr. Es tut mir leid, dass ich Ihnen Ihre kostbare Zeit mit der Zumutung stehle, sich mit einer Phase der Vergangenheit zu beschäftigen, die Sie gequält hat, und ich bitte Sie um Nachsicht."[6]

Es gelang Kipphardt, Oppenheimer zu besänftigen. Juristische Schritte wurden nicht ergriffen. In dem Maße, wie das Stück auf der Bühne Fuß fasste und erfolgreich war, äußerte sich Kipphardt über den Umgang mit dem **Stoff** und die **dichterische Gestaltung der Wirklichkeit**. So schreibt er zum **Verhältnis von Dokument und Text**:

„Das 3000 Seiten umfassende Protokoll der Verhandlung mit Oppenheimer lässt eine Menge von Zeugen quer durch den Garten zu allen Fragen reden. ... Die Eigentümlichkeiten der Personen stellen sich dabei nur auf sehr unsichere Weise dar, die Vorgänge erscheinen nicht komplexerweise, die Gedanken nicht ausformuliert. Das Stück hat natürlich meine Sprache, meine

6 *Materialien*, S. 167–170.

dialogischen Formen, und es hat auch Personen, die irgendwo in mir stecken. Die Personen und ihre Aussagen sind auch in der Realität vorhanden, aber der Oppenheimer, den ich beschreibe, ist ein Oppenheimer, zu dem ich Beziehungen habe: Seine Art zu denken, zu empfinden und abzuweisen, seine Sorte von Hochmut und Eitelkeit, sein feiner Verrat, diese schillernde Hochmutsfigur, die zwar Opfer ist, gleichzeitig aber auch sich und andere opfert, starke Versagungspunkte hat, diese faszinierende Person hat etwas mit mir zu tun. Oder: Die Art von Antikommunismus der McCarthy-Zeit hatte vieles mit dem Antikommunismus der späteren Adenauer-Zeit in Deutschland zu tun und mit unserem neuen Antikommunismus, der jede tiefer gehende Kritik zu verteufeln sucht. Oppenheimer hatte mit seiner, ich mit meiner McCarthy-Zeit zu tun."[7]

Zugleich reflektiert Kipphardt die **theatralische Form** des Textes in Auseinandersetzung mit der klassischen Dramaturgie und in Anlehnung an Brechts episches Theater. Dadurch gelangt er zur Form des dokumentarischen Theaters.

„Mit einer Dramaturgie, die aus dem philosophischen deutschen Idealismus entwickelt wurde wie die Schiller'sche, ist da wenig auszurichten, die Theaterfiktion des Kampfes zwischen den moralisch Guten und den moralisch Bösen, mit Wandlungen womöglich in den Erkennungsszenen, scheint mir ein unbrauchbarer Weg, die Wirklichkeit mit den Mitteln der Kunst wiederzugeben. Es kommen da bestenfalls Aufrufe an das Gewissen heraus, und da ein gutes Gewissen ein sanftes Ruhekissen ist, schafft sich das jeder mit den niedrigsten Gestehungskosten an, indem er sich nämlich belügt. Gewissensappelle

7 *Materialien*, S. 273 f.

haben geringe Folgen, dem besseren Wissen ist auf die Dauer schwerer zu widerstehen. Ich halte dafür, dass dem analytischen Drama auch eine höhere moralische Wirkung innewohnt, und es bietet intelligentere Genüsse."[8]

Die Arbeitsweise des **dokumentarischen Theaters** hat Peter Weiss folgendermaßen beschrieben:

„Das dokumentarische Theater ist ein Theater der Berichterstattung. Protokolle, Akten, Briefe, statistische Tabellen, Börsenmeldungen, Abschlussberichte von Bankunternehmen und Industriegesellschaften, Regierungserklärungen, Ansprachen, Interviews, Äußerungen bekannter Persönlichkeiten, Zeitungs- und Rundfunkreportagen, Fotos, Journalfilme und andere Zeugnisse der Gegenwart bilden die Grundlage der Aufführung. Das dokumentarische Theater enthält sich jeder Erfindung, es übernimmt authentisches Material und gibt dies, im Inhalt unverändert, in der Form bearbeitet, von der Bühne aus wieder. Im Unterschied zum ungeordneten Charakter des Nachrichtenmaterials, das täglich von allen Seiten auf uns eindringt, wird auf der Bühne eine Auswahl gezeigt, die sich auf ein bestimmtes, zumeist soziales oder politisches Thema konzentriert. Diese kritische Auswahl, und das Prinzip, nach dem die Ausschnitte der Realität montiert werden, ergeben die Qualität der dokumentarischen Dramatik."[9]

Äußerungen der Kritik

Kipphardts Stück wurde von der Kritik zustimmend aufgenommen. Die Gestaltung des Stoffes, die **politische und ästhetische In-**

8 *Materialien*, S. 132.
9 P. Weiss, *Notizen*, S. 156.

tention des Verfassers und seine **theoretische Fundierung** wurden von der Kritik aufgegriffen und vertieft.
Den Zusammenhang zwischen Kipphardts *Oppenheimer* und Brechts *Galilei* betont H. Rischbieter:

„Dieses Schlusswort [Oppenheimers] wäre wohl ohne die Selbstverurteilung des Galilei im vierzehnten Bild von Brechts Stück nicht so geschrieben worden.
Kipphardt lässt Oppenheimer sagen: ‚... frage ich mich, ob wir den Geist der Wissenschaft nicht wirklich verraten haben, als wir unsere Forschungsarbeiten den Militärs überließen, ohne an die Folgen zu denken. So finden wir uns in einer Welt, in der die Menschen die Entdeckungen der Gelehrten mit Schrecken studieren, und neue Entdeckungen rufen Todesängste bei ihnen hervor.' Galilei sagt in Brechts Stück: ‚Wenn Wissenschaftler, eingeschüchtert durch selbstsüchtige Machthaber, sich damit begnügen, Wissen um des Wissens willen aufzuhäufen, kann die Wissenschaft zum Krüppel gemacht werden, und eure neuen Maschinen mögen nur neue Drangsale bedeuten. ... Die Kluft zwischen euch und ihr kann eines Tages so groß werden, daß euer Jubelschrei über irgendeine neue Errungenschaft von einem universellen Entsetzensschrei beantwortet werden könnte ... ich habe meinen Beruf verraten.' Zugespitzt ausgedrückt: Wo Kipphardt sich von den Dokumenten entfernt, nähert er sich Brecht. Er gibt mit seinem Stück eine aktuelle Paraphrase zum ‚Leben des Galilei'."[10]

In einer Besprechung der Uraufführung in Berlin und München 1964 betont Urs Jenny die **Theatralik** der Fabel:

10 *Materialien*, S. 183 f.

„Kipphardt ist allen Good-Will-Dramatikern voraus, weil er nicht moralisiert, nicht Patentrezepte empfiehlt, sondern die Unlösbarkeit dieses Konfliktes selbst zum Gegenstand seines Stückes macht und ihm durch direkte Umkehrung echte Dramatik abgewinnt: Er ersetzt die unergiebige Frage nach Verantwortung und Schuld durch die absurd klingende Gegenfrage: Verhält sich ein Physiker unkorrekt und verantwortungslos, wenn er sich dagegen sträubt, neue, noch schrecklichere Vernichtungswaffen zu konstruieren? Ein Prozess, im Interesse des Staates geführt, der von dieser Fragestellung ausgeht, muss den Angeklagten verurteilen – und heroisiert ihn durch dieses unmoralische Verdikt in den Augen der Rechtdenkenden. Der Angeklagte vollendet diese Heroisierung, indem er sich nicht verteidigt, sondern ebenfalls verurteilt, und zwar – im Gegensatz zum Tribunal – wegen seiner früheren Willfährigkeit gegenüber den Forderungen des Staates.
Diese etwas grobe Abstraktion macht deutlich, wie sehr das im Frühjahr 1954 von der amerikanischen Atomenergiekommission geführte Untersuchungsverfahren gegen J. Robert Oppenheimer den elementaren Wirkungsgesetzen des Dramas entspricht. Eine plausiblere Fabel hätte Kipphardt nicht erfinden können. Er hat sie gefunden, dieses Talent soll man nicht unterschätzen, und auch nicht den Kunstverstand, mit dem er aus 3000 Protokollseiten sein Stück destilliert hat: Zuspitzung und Entspannung sind genau kalkuliert, schlagende Formulierungen und ein erlösendes Lachen weckende Pointen unaufdringlich, aber sicher gesetzt; neben drei großen Rollen gibt es mindestens ein halbes Dutzend erstklassiger Chargen."[11]

11 *Materialien*, S. 233.

Mit seinem *Oppenheimer*-Stück traf Kipphardt einen neuralgischen Punkt der Gesellschaft. Mitten im Kalten Krieg wurden die Gefahren von Massenvernichtungsmitteln und die Rolle der **Naturwissenschaftler** dabei thematisiert. Als er dem Stück die Protokolle des Verhörs zu Grunde legte, tat er einen guten Griff. Als Dramaturg verfügte Kipphardt über die Fähigkeit, die konzeptionelle Tragfähigkeit von Texten abzuschätzen und sie so zu bearbeiten, dass sie in verschiedenen Medien ästhetische Wirksamkeit entfalten konnten. Er hatte ein Gespür für das **Wirkungspotenzial** von Texten und verfügte über die schreiberischen Fähigkeiten, es herauszuarbeiten. Auf Grund seiner Inszenierungspraxis kannte er sich in den verschiedenen Formen des Theaters, ihrer Mittel und Wirkungen aus. Zu seiner Tätigkeit als Dramaturg hatte auch gehört, in der Öffentlichkeit die Konzeption von Stücken und Spielplänen vorzustellen und für sie zu werben. Als Lektor lernte er den Umgang mit dem neuen Medium Film und Fernsehen kennen. Mit den verschiedenen Aspekten seiner Tätigkeit erlangte er zugleich eine gründliche Kenntnis des literarischen Marktes unter Einschluss von Personen, Institutionen und Verdienstmöglichkeiten. Vom *Oppenheimer*-Drama gibt es Fassungen als Hörspiel, als Fernsehstück, und für die Bühne hat Kipphardt mehrere Fassungen geschrieben. Alle Fassungen (außer dem Hörspiel) sind auch mehrfach in Buchform erschienen.

Die **Aktualität des Stückes** wird durch die Aufführungspraxis verdeutlicht. In den Jahren 1964/65 gehörte es zu den meistgespielten Stücken auf deutschen Bühnen, und in den Jahren 1977/81 gab es noch einmal eine starke Nachfrage. Dazu trägt die Aspektvielfalt des Stückes bei. Denn das Thema der **Atomwissenschaften** blieb auch nach Maßnahmen über kontrollierte Abrüstung, Teststopps, Nichtweiterverbreitung von Kernwaffen usw. beispielsweise durch die Entwicklung der Neutronenbombe oder strategische Diskussionen von Politikern und Militärs aktuell. Auch im zivilen Bereich blieb das Thema der Nutzung von Atomenergie in Kernkraftwerken durch die Diskussion der Sicherheits- und Entsorgungsfrage auf der Tagesordnung. Politische Themen, die sich in den siebziger und achtziger Jahren in Schlagwörtern wie Radikalenerlass, Überwachungsstaat und Sympathisantentum niederschlugen, finden im Text Bezugspunkte. Bei heutigen Problemen gilt das für das komplexe Instrumentalisierungsverhältnis zwischen Politik und Wissenschaft bei der Verwendung von Gutachten.

3. Themen und Aufgaben

Kipphardts *Oppenheimer*-Stück ist auf Grund seiner Dramenform und seiner Thematik didaktisch ergiebig. Es lässt sich in viele Unterrichtskontexte einbringen. Die thematisierten Arbeitsfelder betreffen das dokumentarische Theater (z. B. Status des Stücks, Haupt- und Nebenfiguren) und das Verhältnis zwischen der dargestellten und der historisch-politischen Wirklichkeit.
Die für die Erörterung der Themen zentralen Textstellen sind in den *Erläuterungen* im Kapitel 2.2 „Inhaltsangabe" als „Stichwörter/wichtige Textstellen" ausgewiesen. Die Lösungstipps beziehen sich auf die Seiten der vorliegenden Erläuterung.

1) Thema: dokumentarisches Theater

- Untersuchen Sie Kipphardts Umgang mit seinen Quellen.
- Arbeiten Sie heraus, welches Konzept der Dramenform zu Grunde liegt und setzen Sie sie gegen andere Dramenformen ab.
- Beurteilen Sie die Dramenform im Hinblick auf Wirkung und Angemessenheit.

Textgrundlage S. 22 u.ö., 58, 20 ff. u.ö.

Lösungshilfen siehe S. 79–82, 84 f., 89–92, 98

2) Thema: Subjektivität

- Untersuchen Sie die Gestaltung des Stoffes. Berücksichtigen Sie dabei besonders den Aufbau des Stücks und die Figur Oppenheimers.

Textgrundlage S. 105, 117, 66, 45, 94, 14, 16, 86

▶ Bestimmen Sie den Status des Stücks zwischen Dokumentation und dichterischer Subjektivität. ▶ Problematisieren Sie den Begriff des „dokumentarischen Theaters".	**Lösungshilfen** S. 33, 39–44, 58, 84–92

3) Thema: Figuren des Dramas

▶ Untersuchen Sie die Figur Oppenheimers im Hinblick auf Selbstwahrnehmung und Wirkung auf die Zuschauer. ▶ Untersuchen Sie vor diesem Hintergrund, wie die Anklage mit Oppenheimer umgeht. ▶ Analysieren Sie die Zeugen in ihrer wechselseitigen Konstellation und in Bezug auf Oppenheimer. ▶ Bewerten Sie Kipphardts Figurengestaltung, indem Sie sie auf seine Intention beziehen. Berücksichtigen Sie die Vorbehalte des historischen Oppenheimer gegen Kipphardts Gestaltung.	**Textgrundlage** S. 68, 70, 55, 67, 105, 113, 120 **Lösungshilfen** S. 38–51, 89

4) Thema: Verfahren

▶ Skizzieren Sie Anlass, Ablauf, Ergebnis und Hintergrund des Verfahrens gegen Oppenheimer. ▶ Analysieren Sie ein Plädoyer als Gerichtsrede im Hinblick auf rhetorische Mittel, Logik und Wirkung.	**Textgrundlage** S. 8 ff., 20, 73, 14, 17, 73 **Lösungshilfen** S. 56-66

- Bewerten Sie die theatralische und politische Wirksamkeit des Verfahrens gegen Oppenheimer im Stück.

5) Thema: Problem des Wissenschaftlers, Verhältnis zwischen Wissenschaft und Gesellschaft

- Untersuchen Sie, in welchem Konflikt Oppenheimer als Physiker steht.
- Analysieren Sie, inwiefern Oppenheimer den Typus des modernen Naturwissenschaftlers repräsentiert.
- Vergleichen Sie Oppenheimer mit anderen Ihnen bekannten Darstellungen von Physikern im Drama.

Textgrundlage
S. 94, 16, 88,145 ff.
Lösungshilfen
S. 39–44
S. 93–97

6) Thema: Aktualität

- Skizzieren Sie den Zeitbezug Oppenheimers zu seiner eigenen Zeit.
- Analysieren Sie Oppenheimers Darstellung im Zusammenhang mit Kipphardts Intention.
- Konzipieren Sie, wie ein Regisseur heute das Drama auf die Bühne bringen könnte.

Textgrundlage
S. 8 f., 22 ff., 48, 65, 68, 108, 144, 145 ff.
Lösungshilfen
8, 14, 74 f., 98

4. Rezeptionsgeschichte

Texterfassungen

Die erste Fassung des Stoffes wurde am 23. Januar 1964 als Fernsehspiel mit dem Untertitel *Ein szenischer Bericht* gesendet. Darauf folgte am 14./15. Februar 1964 eine Aufführung im Rundfunk. Der Text des Fernsehspiels wurde 1964 in der Reihe „edition suhrkamp" als Band Nr. 64 gedruckt. Im Jahr 1964 fand auch die Uraufführung an der Freien Volksbühne Berlin und den Münchner Kammerspielen statt. Der Text der Bühnenfassung wurde im September 1964 in der Suhrkamp-Reihe *Spectaculum* als Band 7 veröffentlicht. Der Bühnentext ersetzte zugleich den Text der Fernsehfassung in der Reihe „edition suhrkamp" ab der 5. Auflage. Außerdem erschien er im Heft 11 der Zeitschrift *Theater heute*. Eine Neufassung des Bühnentextes nahm Kipphardt 1977 für eine Aufführung am Deutschen Schauspielhaus in Hamburg vor. Sie ist ab der 18. Auflage in der „edition suhrkamp" und im Band *Theaterstücke 1* von 1978 abgedruckt. Die vorgelegten Erläuterungen beziehen sich auf den Bühnentext der Hamburger Aufführung, wie er in der „edition suhrkamp" zur Zeit in der 32. Auflage vorliegt.

Dokumentarisches Theater

Die Rezeption des Stücks und die Reaktion Kipphardts darauf nimmt sowohl auf die formale Gestaltung als auch auf das Thema des Stücks Bezug. Heinar Kipphardt gehört zu den Vertretern des dokumentarischen Theaters, das in den sechziger Jahren die Spielpläne der Bühnen beherrschte. **Rolf Hochhuths** Stück *Der Stellvertreter* (1963), **Heinar Kipphardts** *In der Sache J. Robert Oppenheimer* (1964) und die Dramen *Die Ermittlung* (1965), *Das Verhör von Habanna* (1967) und *Viet Nam Diskurs* (1968) von **Peter Weiss** fanden weithin Beachtung.

Den Autoren ist die politische Absicht gemeinsam, mit den Mitteln der Kunst an der allgemeinen Diskussion teilzunehmen und Veränderungen zu bewirken. In ästhetischer Hinsicht eint sie die Ablehnung eines Kunstbegriffs, der sich an der Klassik orientiert, und die Auffassung vom gesellschaftlichen Engagement der Literatur. Wesentliche Kennzeichen der Stücke sind Aktualität, gesellschaftlicher Einsatz, Basieren auf Dokumenten und wissenschaftlicher Anspruch.

Neben dem gesellschaftlichen Standort ist für die Autoren des dokumentarischen Theaters die **Rezeption Brechts** bedeutsam. Für Kipphardt als Praktiker des Theaters kommt noch der prägende Einfluss des Regisseurs Erwin Piscators hinzu. Brecht und Piscator strebten für den Umgang mit der gesellschaftlichen Wirklichkeit eine neue Form des Dramas an. Zusammen entwickelten sie das Konzept des epischen Theaters. Dazu entwickelte **Erwin Piscator** (1893–1966) in den zwanziger Jahren in Berlin einen Inszenierungsstil, bei dem die neuen Medien Film und Dia sowie die Möglichkeiten der Bühnentechnik gezielt eingesetzt wurden. Er emigrierte in die Vereinigten Staaten und kehrte 1951 nach Deutschland zurück. Kipphardt lernte ihn 1955 kennen und war an einer Zusammenarbeit mit ihm interessiert. In der Berliner Uraufführung des *Oppenheimer*-Dramas führte Piscator 1964 Regie, nachdem er schon zuvor **Hochhuths** *Stellvertreter* mit großem Erfolg aufgeführt hatte. Dadurch, dass er die Bedrohung von Künstlern und Wissenschaftlern durch McCarthys politisches Wirken in Amerika selbst erfahren hatte, war er für Kipphardts Stück besonders sensibilisiert. Durch seine Inszenierungen verhalf Piscator dem dokumentarischen Theater zum Durchbruch.

Episches Theater

In welchem Verhältnis steht Kipphardts *Oppenheimer*-Drama

zu den theatralischen Formen? Er geht von Dokumenten aus und macht an ihnen durch Auswahl und Anordnung an einem Einzelfall etwas Allgemeines sichtbar. Die Darstellung hat einen aktuellen Bezug und beansprucht durch die dokumentarische Grundlage Glaubwürdigkeit. Sie soll dem Zuschauer einen Sachverhalt in einem neuen Licht zeigen und ihn zum Überdenken seiner Einstellung motivieren, ohne ihm ein bestimmtes Ergebnis vorzugeben oder gar ein konkretes politisches Eingreifen zu erwarten. Die Reaktion des Zuschauers ist bei Kipphardt im Gegensatz zu Brecht im Ergebnis offen. Doch beide setzen darauf, dass die Tätigkeit dem Zuschauer Vergnügen bereitet.

Status des *Oppenheimer*-Stücks

Kipphardt macht im *Oppenheimer* von Mitteln des epischen Theaters und der Piscator-Inszenierungen Gebrauch. Dies gilt u. a. für Einblendungen von Filmausschnitten, Zitaten und Zwischentiteln, die auf eine Gardine projiziert werden, die Gestaltung der Bühne durch Podeste, die verschiedene Spielorte akzentuieren, und Monologe, die die Darsteller von der Rampe aus sprechen. So beginnt beispielsweise die Fassung der Uraufführung von 1964 mit einem Statement des *Oppenheimer*-Darstellers, in dem von diesem in der dritten Person die Rede ist. In der Textfassung der Hamburger Aufführung von 1977 ist dies nicht mehr der Fall. Ebenso verhält es sich bei den Monologen der Prozessbeteiligten, die die Aussage Oppenheimers unterbrechen. An die Stelle der Monologe treten in der neueren Fassung Dialoge, die als Zwischenszenen ausgewiesen werden. Von den Möglichkeiten des epischen Theaters macht Kipphardt im Verlauf der Zeit weniger Gebrauch. Auch ändert sich in den verschiedenen Fassungen des Textes der technische Standard, indem die Ausstattung

Textänderungen

mit Fernsehen, Monitoren und Mobiliar der jeweiligen Zeit entspricht. Offenbar ist Kipphardt weniger an der Propagierung einer politischen Idee und dem Entwurf und der Umsetzung eines ästhetischen Konzepts interessiert als an einer gut gemachten Aufführung, die ästhetisch wirksam und politisch überzeugend ist. Sie soll dem Zuschauer den moralischen Impuls des Autors auf sinnlich erfahrbare und vergnügliche Art glaubhaft vermitteln und ihm die Argumente für die Notwendigkeit der Veränderung eines konkreten Missstands durch gesellschaftliche Praxis unterbreiten, in der Hoffnung, dass dieser die Sehweise und das Engagement des Autors teilt.

Gründe für Änderungen

An der dokumentarischen Arbeitsweise Kipphardts ist kritisiert worden, dass entweder die Wirklichkeit nicht zutreffend oder lückenhaft dargestellt sei oder dass es dem Stück gerade wegen der Verwurzelung in der Wirklichkeit an fiktionalem Charakter und dichterischem Wert mangele. Kipphardt hat diese Kritik stets unter Verweis auf Hegel mit dem Argument zurückgewiesen, dass durch die Bearbeitung des Stoffes eine Verdichtung in faktischer und ästhetischer Hinsicht bewirke und das Wesentliche herausgearbeitet werde. In der Verdichtung konvergierten faktische und ästhetische Wahrheit.

Die Auseinandersetzung zwischen Oppenheimer und Kipphardt über den Umgang mit den Dokumenten und der historischen Wahrheit hat sich auch in der Presse niedergeschlagen. Kipphardt war sich darüber im Klaren, dass rechtliche Schritte der Wirkung des Stücks abträglich sein würden, und so hat er große Anstrengungen unternommen, Oppenheimer mit dem Argument umzustimmen, dass durch die Bearbeitung der Dokumente ein neuer fiktionaler Text entstünde, für den sich die aufgeworfenen Fragen gänzlich anders stellten. Die Kritik unterstützte Kipphardts Standpunkt, wie sich im folgenden Jahr auch in der Auseinandersetzung mit Jean Vilar zeigte, und die Voraussetzungen für die erfolgreiche Bühnenaufführung des Stücks waren gegeben, nachdem schon die Fernsehfassung Aufmerksamkeit geweckt hatte. Auch in den folgenden Jahren lieferte Kipphardt der Kritik in Interviews und anderen öffentlichen Beiträgen viele Stichwörter, die sie sich zu Eigen machte. Die Verbreitung des Stücks wurde dadurch sehr begünstigt, dass Kipphardt an der öffentlichen politischen und kulturellen Diskussion teilnahm, auf neue Rezeptionsmöglichkeiten hinwies, und die Medien seine politischen und ästhetischen Standpunkte verbreiteten. Die intensive und anhaltende Wirkung des *Oppenheimer*-Dramas ist somit auch das Ergebnis eines effektiven literarischen Marketings.

5. Materialien

5.1 Materialien zu Kipphardts theatralischer Form

5.1.1 Das Verhältnis zwischen dem Stück und den Dokumenten

Nachdem Kipphardt von mehreren Seiten erfuhr, dass Oppenheimer Vorbehalte gegen das Stück hatte, weil nach seiner Auffassung mehrere Einzelheiten nicht richtig wiedergegeben worden seien, schickte ihm Kipphardt einen Artikel über das Verhältnis zwischen dem Stück und der historischen Wirklichkeit, der in den Programmheften abgedruckt werden sollte, und eine deutsche Fassung des Stücks. Damit wollte Kipphardt vermeiden, dass Oppenheimer juristische Schritte gegen das Stück einleitete.

Oppenheimers Reaktion löste einen Briefwechsel aus, in dem Kipphardt die Authentizität des Stücks im Sinne der Nähe des Dargestellten zu den historisch verbürgten Fakten bzw. ihrer exemplarischen Bedeutung herausgestellt. Nachdem das Stück auf der Bühne etabliert ist, betont Kipphardt seinen individuellen Anteil beim Umgang mit den Tatsachen.

Brief Heinar Kipphardts an J. Robert Oppenheimer vom 24. Oktober 1964:

„[...] Nachdem das Stück bei seiner Uraufführung in Berlin und München einen triumphalen Erfolg hatte, nachdem das Publikum und die Kritik das Stück nahezu einmütig als ein objektives Plädoyer für Sie als eine der historischen Schlüsselfiguren unserer Zeit begriffen und beschrieben hat, betrübt es mich besonders, dass der

deutsche Text und meine Beschreibung des Verhältnisses zu den Dokumenten Ihre Vorbehalte nicht gemindert hat. Das mag an der Unzulänglichkeit meiner Arbeit, an der Unkenntnis feinster Detailzusammenhänge liegen, die nur der Beteiligte selbst haben kann. Es ist für den historisch Beteiligten aber andererseits auch besonders schwer, aus dem Gestrüpp der tausend miteinander verfilzten Details die objektive Distanz zu gewinnen, die gebraucht wird, um den innersten Kern und Sinn einer historischen Begebenheit von den umherspielenden Zufälligkeiten zu befreien, um sie der Zeitgenossenschaft als ein bedeutendes Exempel darzustellen. Indem der Bühnenschriftsteller den Boden der Zeitgeschichte betritt, ist sein Geschäft diese Umwandlung, auch wenn er sich, wie ich, an alle wesentlichen Tatsachen gebunden sieht. Wenn wir ihm dieses Recht bestreiten würden, dann würden wir der Bühne das Recht auf die Behandlung der Zeitgeschichte bestreiten. Ich zitiere in den vorstehenden Gedanken den Hegel, und ich folge Ihren guten Gebräuchen, wenn ich dem Brief das Zitat beifüge. Ich trage natürlich Eulen nach Athen, denn Sie sagten mir schon bei unserem Telefongespräch, wie wohlvertraut Ihnen der Unterschied in der Arbeitsweise des Schriftstellers und des Historikers sei, und ich verstand Sie so, dass mein Vorschlag, das Verhältnis Stück und Dokument genau zu beschreiben, von Ihnen gebilligt wurde. Es ist mir nach der Aufführung nicht bekannt geworden, dass irgendjemand dieses Verhältnis des Stückes zu den Dokumenten missverstanden hätte.

Ich will mich mit diesen Zeilen nicht verteidigen, sehr verehrter Herr Professor Oppenheimer, ich verstehe Ihr Unbehagen sehr wohl, und der Zweck meines Briefes ist die Bemühung, es zu mindern. Sie führen in Ihrem Brief zwei Beispiele aus. Was die Bemerkung zu Bohr angeht, so ist sie ein Rückstand aus einer früheren Fassung, wo das Verhältnis Bohrs zu Los Alamos ausführlich beschrieben wurde, seine Hilfe, seine Unterstützung des

Unternehmens und seine Vorbehalte den strengen Sicherheitsvorschriften gegenüber. Jetzt ist nur der letzte Vorbehalt geblieben, und das entstellt seine Haltung wirklich, wenn man sonst nichts über ihn weiß. Ich habe deshalb den Bühnen schon vorgeschlagen, diesen Teil zu streichen, und er ist wirklich nirgends gespielt worden. Ich werde diesen Teil jedoch im Neudruck des Bühnenmanuskripts gern entfernen und eine Streichung dieser Stelle vorschreiben. Schwieriger ist die Frage der Schlussrede, über die wir lange gesprochen haben. Nach dem Charakter des Stückes kann ich auf eine Schlussrede, auf Folgerungen, die meine Hauptperson zieht, nicht verzichten, weil das Stück sonst wie das berühmte Hornberger Schießen ausgeht. Das ist in der Weltgeschichte möglich, nicht aber bei ihrer exemplarischen Widerspiegelung auf dem Theater. Ich habe mir die Erklärung angesehen, die Sie am 30. 6. 1954 der Presse gegeben haben, und ich habe die kurze Rede anlässlich der Entgegennahme des Enrico-Fermi-Preises gelesen. Beide Texte sind, wie Sie schon selber am Telefon vermuteten, für die Zwecke des Stückes nicht geeignet, ich habe aber leider auch sonst nirgendwo eine ausführliche Stellungnahme von Ihnen zu diesem Hearing und seiner Problematik finden können. Deshalb war ich auf die Berichte in Zeitungen und Büchern angewiesen, die Ihre Haltung nach dem Hearing beschrieben haben und die Sie meines Wissens nicht dementiert haben. Ich glaubte, dass die von mir geschriebenen Schlussworte der Bühnenfigur Ihrer ferneren Arbeit und Ihrer menschlichen Haltung nicht widersprechen würden, und ich fand sie dem Geiste verwandt, den ich aus Ihrem Buche ‚The Open Mind' und anderen Schriften herauslas. Wenn ich Sie missinterpretiere und einige schwierige Fragen aus szenischen Gründen unzweifelhaft auch vereinfache, so muss ich das auf meine Kappe nehmen. Es ist aber selbstverständlich meine Pflicht, in meinen Bemerkungen zum Stück ganz klar zu machen, dass diese Schlussworte von

mir sind und nicht von Ihnen. Ich schlage Ihnen deshalb die folgende Formulierung für das Ende des Begleittextes vor:
,Oppenheimer hat in dem historischen Hearing kein Stellung nehmendes Schlusswort gehalten. Als die Atomenergiekommission unter Admiral Strauss das negative Urteil mit 4 gegen 1 Stimme am 30. Juni 1954 bestätigte und veröffentlichte, gab Oppenheimer in der Presse eine Erklärung ab, in der er sich mit dem abweichenden Minderheiten-Urteil des einzigen Naturwissenschaftlers unter den Mitgliedern des Revisionsausschusses, Dr. Henry D. Smyth, identifizierte und auf eine eigne ausführliche Stellungnahme verzichtete. Wie vor ihm Dr. Evans, hatte Dr. Smyth in seinem abweichenden Minderheitsbefund erklärt, Oppenheimer sei vollständig loyal und kein Sicherheitsrisiko.'
Da das Protokoll des Hearings ein Schlusswort von Ihnen nicht verzeichnet, konnte ich der Ansicht sein, dass Sie sich nicht geäußert haben. Das gedruckte Transcript of Hearing schließt auf der Seite 992 mit den Worten Grays: ,We are now in Recess.' (Thereupon at I:30 p.m., the hearing was concluded.) Es verzeichnet danach auch keine Auslassung. Ich war also guten Glaubens, als ich schrieb, dass Sie keine Gelegenheit zu einem Schlusswort erhalten hätten, und ich revidiere das nach Ihrer Korrektur. Ich hoffe, dass Sie die oben vorgeschlagene Formulierung befriedigend finden, und jede Ihrer Anregungen in Bezug auf das Schlusswort wäre mir natürlich hoch willkommen. Gestatten Sie mir zum Abschluss ein paar allgemeine Bemerkungen: Ich denke, dass mein Stück keinen Zweifel daran lässt, dass Los Alamos eine Notwendige, für die Geschichte der Menschheit bedeutsame Unternehmung war. Was mich selber betrifft, so habe ich jede Unternehmung begrüßt, die geeignet war, unsere Zivilisation vor dem Versinken in die drohende Nazi-Barbarei zu bewahren. Und wenn sich eine solche Bedrohung wiederholen sollte, so wäre mir jedes geeignete Mittel wiederum recht, sie zu bekämpfen. Ich denke, dass diese

Haltung aus meiner literarischen Arbeit hervorgeht, ein beträchtlicher Teil meiner Arbeiten beschäftigt sich mit den Verbrechen der Nazizeit, ihren Ursachen und ihren Folgen.[...]" [12]

12 *Materialien*, S. 167–170.

5.2 Dramaturgie

H. Kipphardt über seine Intentionen beim dokumentarischen Theater:

„Ich möchte eine Literatur machen, die Urteile ermöglicht und Urteile begünstigt. Ich möchte keine Literatur machen, die von Vorurteilen ausgeht und Vorurteile schafft, sondern ich möchte einen urteilsfähigen Zuschauer haben, und er muss das Gefühl haben, derjenige, der da Informationsmaterial durchgearbeitet hat, natürlich nicht wie ein Historiker, der jetzt alle Einzelheiten verkündet, erzählt ihm den Sinn und Zweck einer bedeutenden Begebenheit, und zwar heute, für ihn bedeutend, für ihn, den heutigen Zuschauer. Er muss das Gefühl haben, der Mann, der das tut, versucht, seine Vorurteile so weit zurückzudrängen wie irgend möglich, was sehr schwer ist. Er hat eine gewisse Aufrichtigkeit, sein stilistisches Prinzip ist das einer analytischen Aufrichtigkeit, wobei natürlich zu Stande kommt letztlich, dass der Betreffende ja oder nein sagt, aber er stellt das schwierige Ja und das schwierige Nein dar. Ich bin kein Mensch, der mit dem Hintern immer wieder umschmeißt, was er mit den Händen aufbaut, ich sage schon ja, und ich sage nein, aber ich glaube, man soll das ohne Vorurteile analytisch und klar tun.

Jetzt ein zweites Moment: Ich würde den Begriff des Dokumentarstückes nicht gerne als eine neue Kategorie anführen, es unterscheidet sich nur graduell von dem Typus des historischen Dramas. Offensichtlich gibt es Bereiche unseres Lebens, die nur zu Schreiben sind vom Belegcharakter her. Dazu gehört meiner Meinung nach dieser Atombomben-Bereich, meinetwegen auch Auschwitz ist nicht mit Erfindung, nicht mit Emotionen zu beschreiben, sondern nur exakt.

Ich erzähle natürlich eine sinnvolle, zweckvolle Begebenheit und ich will mit ihr erreichen, dass der Zuschauer, auf welche Weise immer, meine Geschichte genießen kann. Und auch eine grauenhafte, schreckliche Geschichte ist, wie die Literatur der ganzen Vergangenheit beweist, genießbar. Ich meine, es darf keinesfalls dazu kommen, dass eine Literatur, die viel Fakten aufnimmt, belegbare Fakten aufnimmt, deren Genüsse dürfen nicht kleiner werden auf dem Theater, und es geht nicht, dass die Literatur etwas ersetzt würde durch ein nur erschreckendes, Gedanken nicht hervorrufendes Weißbuch."[13]

H. Kipphardt im Interview über Brecht, Oppenheimer und das historische Drama:

Frage: *„Herr Kipphardt, Sie gelten als einer der Väter der Dokumentationstechnik. Sie verwenden natürlich einen bestimmten Übersetzungsgrad für eine bestimmte historische Wirklichkeit, und ich frage, warum Sie diese Technik bei Ihren Stücken oder den Stücken von Weiss oder Hochhuth für besonders geeignet halten?"*
Antwort: *„Ich kann nur für mich sprechen. Es gibt, denke ich, sehr verschiedene Typen von Stücken, die von faktischem Material, von dokumentiertem historischen Material ausgehen. Gemeinsam ist diesen verschiedenen Stückarten das Gefühl der Autoren, in unserer Zeit der Schlagworte und Ideologisierungen, wo alles zur schnellen These, zum Vorurteil gerät, sollte man genau sein, sollte man überprüfbar belegen können, was man in seinen Stücken darlegt. Interessanterweise haben die Autoren des so genannten dokumentarischen Dramas große politische Stoffe behandelt, die mit anderen Techniken auf dem Theater bislang nicht erzählt werden konnten. Sie haben die großen Stoffe, die wichtige politi-*

13 *Materialien*, S. 191–192.

sche Schlüsselfragen der späten Bürgerwelt behandeln, auf dem Theater in der ganzen Welt eingeführt und eine Bewegung in Gang gebracht, die prüft, wie das Theater in den Stand zu setzen wäre, auf bedrückende Wirklichkeiten mit anschaulichen Abbildungen zu reagieren, Wirklichkeit durchschaubar zu machen. Ich sage nicht, dass diese Techniken etwa die einzigen wären, große politische Stoffe zu behandeln, aber es gibt wohl Stoffe, die kaum anders als mit der Haltung des Belegs zu schreiben sind. Es gibt Stoffe, über die man keine Intuition haben kann, die man nicht poetisieren und nicht stilisieren kann, da muss man von der Faktizität ausgehen, um zu dem Charakteristischen zu kommen."

Frage: *„Darf ich dazu gleich noch etwas fragen. Sie sagen, bestimmte Vorgänge kann man nicht poetisieren, man kann sie nicht stilisieren. Hat Brecht nicht in der Parabel eine anwendbare poetische Form gefunden, diese Vorgänge von den Dokumenten zu lösen?"*

Antwort: *„Ich bestreite der Parabel nicht, dass sie viele Stoffe befriedigend beschreiben kann. Die Parabel historisiert die Wirklichkeit, wie das auf andere Weise das Dokumentardrama oder das historische Drama tut. Ich glaube nur nicht, dass sich der Parabeltypus für alle Stoffe eignet. Ich weiß nicht, ob Sie eine schlüssige Parabel über die neuen Kolonialkriege, den Vietnamkrieg etwa, machen können, oder über Hiroshima. Ich fand, dass die Fragen des Widerspruchs zwischen der grandiosen Entwicklung der neuen Naturwissenschaften und der rückständigen Entwicklung unseres Wissens von der Gesellschaft nicht parabelhaft, sondern nur mit der Haltung des Belegs darzustellen wären."*

Frage: *„Ich möchte Ihren Zweifel verstärken. Herr Kipphardt, ich glaube, dass es Brecht nicht einmal schlüssig gelungen ist, eine Parabel über den Zweiten Weltkrieg zu schreiben, wie der Schwejk zeigt. Ich möchte andererseits fragen, ob Ihr Dokumentarstück* Oppenheimer *nicht so etwas wie eine schlüssige Parabel für die Rolle des Wissenschaftlers in unserer Zeit geworden ist?"*

Antwort: *„Ich würde nicht sagen Parabel, aber ich wollte natürlich in dem extremen Fall Oppenheimers die Widersprüche und Konflikte des Wissenschaftlers in unserer Zeit darstellen. Und er sollte übertragungsfähig für andere Tätigkeitsbereiche sein.*
Die Faktenfülle ist die Materialgrundlage, der der Dramatiker das für seinen Stoff Charakteristische entreißt, und er muss einiges tun, um schließlich ein selbstständiges Kunstgebilde herzustellen. Sie kommen niemals mit einer noch so guten, noch so reinen Faktenmontage aus, da würden nur mindere Stücke entstehen, eine Faktenansammlung, der die Essenz und Bedeutung fehlt. [...]
Ihr Hinweis auf Shakespeares Historien *und Büchners* Danton *ist überlegenswert, ich halte das dokumentarische Drama für einen besonderen Typus des historischen Dramas, der den Empfindung- und Wahrnehmungsweisen unserer Zeit entspricht. Es käme aber darauf an, die neuen Züge in diesen Stücken zu beschreiben. Das historische Drama der alten Art machte sich die historischen Fakten viel lässlicher passend, als ich das bei bestimmten Stoffen getan habe. Die Stücke sind in der Haltung des Belegs geschrieben, und alle wesentlichen Tatsachen sind wirklich überprüfbar. Ich muss eine zusätzliche Anstrengung machen, der widerstrebenden Tatsachenfülle das mir wichtig und bedeutsam Erscheinende zu entreißen, ihm die Prägekraft eines Dramas zu geben, ohne die Tatsachen zu manipulieren. Aber auch ein dokumentarisches Drama muss ein in aller Stofffülle einheitliches Kunstgebilde werden. Da setzt Spracharbeit ein; szenische Dialektik; Bemühungen, die wichtigsten Fabelpunkte szenisch groß und exemplarisch zu machen. Sie zwingen mich, Widersprüchen nachzugehen, und ich finde Stücke immer langweilig, die an der Schnur von ein paar Thesen gehen. Bei der Arbeit an Tatsächlichkeiten, da geht nicht alles so auf, da kommt man auf immer neue Züge der Figur, die muss man verarbeiten."*[14]

14 Brecht, GW 16, S. 680.

5.3 Physikerdramen

Aus der Zahl der Texte, die die Problematik des modernen Naturwissenschaftlers thematisieren, ragen neben **H. Kipphardts** *In der Sache J. Robert Oppenheimer* **B. Brechts** *Leben des Galilei* und **F. Dürrenmatts** *Die Physiker* hervor. Bei der Darstellung der Wirklichkeit steht Kipphardts Text in intensivem Dialog mit den beiden anderen Dramen.

Von Brechts *Leben des Galilei* gibt es drei Fassungen: Die erste entstand 1938/39 im dänischen Exil, während **Otto Hahn** in Deutschland in Zusammenarbeit mit **Fritz Straßmann** die Kernspaltung eines Uran-Atoms durchführte, die zweite entstand 1945/47 in den Vereinigten Staaten unter dem Einfluss des Atombombenabwurfs auf **Hiroshima**; die dritte Fassung für das Berliner Ensemble greift darauf zurück und reagiert auf die Entwicklung der **Wasserstoffbombe**. Der Widerruf seiner Lehre wird von Brecht in der ersten Fassung als List, in den folgenden Fassungen als Verrat dargestellt. Durch den Widerruf begeht Galilei Verrat an der wissenschaftlichen Wahrheit und verpasst die Möglichkeit, Wissenschaft zum Nutzen der Menschen einzusetzen. So bleibt ihm nur Selbstkritik und Mahnung an die Menschheit:

Galileis Verhalten wird als Versagen verstanden, mit dem er Schuld auf sich geladen hat. Es ist Aufforderung an kommende Generationen von Wissenschaftlern, sich den Mächtigen zu versagen. Sie beruht auf der optimistischen Erwartung, dass der einzelne Naturwissenschaftler durch seine Verweigerung noch etwas bewirken kann.

Dieser Optimismus wird von **F. Dürrenmatt** in seiner Komödie *Die Physiker* von 1962 nicht mehr geteilt. Selbst das Irrenhaus, in das er sich aus Verantwortung für die Zukunft der Menschheit zurückgezogen hat, ist als Refugium für den Physiker Möbius nicht tauglich. Die Irrenärztin hat sich seine Aufzeichnungen gesichert. Durch diesen Zufall hat die Geschichte ihre schlimmstmögliche Wendung genommen, wie es in den *21 Punkten zu den Physikern* heißt. Die Frage nach dem Verhalten des individuellen Forschers ist bei Dürrenmatt unerheblich. Jeder Versuch eines Einzelnen, für sich zu lösen, was alle angeht, muss scheitern, formuliert er als Punkt 18.

Im ***Oppenheimer***-Stück teilt **Kipphardt** den Standpunkt **Dürrenmatts,** dass der einzelne Wissenschaftler nichts ausrichten kann. Er wird von Manfred Wekwerth in der Aufführung des Berliner Ensembles von 1965 aufgegriffen und visualisiert, indem die Inszenierung aus den Kulissen des Galilei heraus beginnt. Dennoch erhält Kipphardt sich die Zuversicht, dass sich schon ein pragmatischer Ausweg aus dem Dilemma zwischen der rückhaltlosen Verpflichtung des Naturwissenschaftlers auf Wahrheit und ihren Einsatz zu Gunsten der Allgemeinheit einerseits und der Ermöglichung von wissenschaftlicher Forschung und ihrer Instrumentalisierung durch die Politik andererseits finden lässt. Diese Hoffnung kommt in der Schuldanerkenntnis Oppenheimers in seinem Schlusswort zum Ausdruck.

R. Taeni, Vergleich zwischen den Physiker-Dramen:

„Man ist versucht, die Figur des Brecht'schen Galilei zum Vergleich hinzuzuziehen, welchen, in recht ähnlicher Situation, Hans Mayer als zwar ein negativer Held, aber noch ein Held charakterisiert. Trotz aller Ähnlichkeiten ist ja Galilei, wie ihn Brecht darstellt, weit weniger ohnmächtig. Ihm wäre es nach Brechts Ansicht zu seiner Zeit noch möglich gewesen, kraft seiner Autori-

tät den Lauf der Geschichte entscheidend zu beeinflussen. Wenn also Galilei sich im Konflikt zwischen den Anforderungen der Menschheit und denen der (kirchlichen) Politiker den letzteren unterwirft, so macht Brecht deutlich, dass dies ein feiger Verrat, also in gewissem Sinne eine Schuld ist. – In dem Maße, in dem dergleichen heute unmöglich geworden ist, verliert Brechts These (insofern sie etwa reduzierbar wäre auf die Aufforderung an die Wissenschaft, sich nicht den Politikern zu unterwerfen), allerdings an Bedeutung. Friedrich Dürrenmatt hat diese Situation bis zu ihrer äußersten logischen Konsequenz zu Ende gedacht: Seinen Physikern bleibt als Ausweg nur der freiwillige Aufenthalt im Irrenhaus –und selbst das ändert nichts, kann den Missbrauch ihrer Entdeckungen durch die Macht nicht verhindern. Erst hier, in der Überzeichnung der Groteske, erscheint also das eigentliche Problem in seiner ganzen Schärfe und Relevanz.

Da die Lage von Kipphardts Hauptfigur, was deren Macht oder Ohnmacht anbetrifft, eher der Dürrenmatt'schen als derjenigen des Galilei vergleichbar ist, stellt sich im Rückblick das ganze Verfahren als im Grunde sinnlos heraus – jedenfalls, insofern es um sie Sicherheitsgarantie geht. Denn unter den gezeigten Umständen wäre doch eigentlich gerade deren Nichterteilung das, was Oppenheimer sich wünschen müsste. Wie der Ausschuss seinen Charakter beurteilt, darauf kommt es am Ende kaum noch an: Sagt er doch selber ganz deutlich, dass er in Zukunft nicht mehr für die Regierung arbeiten möchte. Seine Mitarbeit an Kriegsprojekten in der Vergangenheit betrachtet er jetzt (darin dem Galilei allerdings ähnlich) beinahe als eine Schuld, wenn er sich fragt: ‚ob wir den Geist der Wissenschaft nicht wirklich verraten haben, als wir unsere Forschungsarbeiten den Militärs überließen, ohne an die Folgen zu denken'."[15]

15 Taeni, S. 250.

M. Wekwerth über die Inszenierung des *Oppenheimer*-Stücks durch das Berliner Ensemble 1965:

„Der Fall Oppenheimer ist die Folge anderer Fälle. Die Kette geht zurück bis zu dem Sündenfall der Physik, als diese sich nämlich vom sozialen Fortschritt lossagte und sich den Herrschenden unterwarf, die der Physik wiederum das Studierstüblein zuwiesen, in dem man Physik zwar erforschen, aber nicht anwenden konnte. Die Erfindungen wurden den Erfindern weggenommen, womit die Erfinder sozial entmündigt wurden. Die Wissenschaft, die am meisten den Menschen dienen kann, die also der Gesellschaft am meisten bedarf (auch was ihre Kontrolle betrifft), wurde mehr und mehr zum Spezialwissen, dessen Fortschritt ein Fortschreiten von der Menschheit weg wurde. Die Gralshüter der Discorsi in Gestalt von Mönchen und die militärischen Sicherheitsvorrichtungen der Atomstädte sind verwandt. Mindestens haben die Geheimdienste – die Inquisition und das FBI – mehr von dem gesellschaftlichen Aspekt der Physik verstanden als die Physiker [...]
Kurz: um den Fall Oppenheimer aus seiner – vom Stück etwas geförderten – Einmaligkeit zu nehmen und ihn in seine historische Entwicklung einzubauen, machten wir die zitierte Fusion mit dem Fall Galilei, dem Beginn des Sündenfalls. Wir werden also, bevor das eigentliche Stück In der Sache J. Robert Oppenheimer *beginnt, auf der offenen, vorhanglosen Bühne die Welt unseres (Bühnen-)Galilei aufbauen. Das Publikum sieht die bekannten Kupferwände der italienischen Renaissance, das Modell der kopernikanischen Welt und, aufgemalt auf eine Fahne, den Schluss der großen Rede des Galilei über die Zukunft der Physik, endend mit der Prophezeiung: ‚Die Kluft zwischen euch und der Menschheit kann eines Tages so groß werden, dass euer Jubelschrei über irgendeine neue Errungenschaft von einem universellen Entsetzensschrei beantwortet werden könnte.'*

Dieses Zusammentreffen von Jubel und Entsetzen ist der Beginn des Falles Oppenheimer."[16]

16 *Materialien*, S. 242 f.

5.4 Äußerungen zu den Aufführungen

Zur Aktualität von *Oppenheimer*: Gespräch mit Sabine Dultz:

Frage: *„Wie aktuell ist der Oppenheimer heute?"*
Antwort: *„Leider hat das Stück seine Aktualität bewahrt, möglicherweise verstärkt. Das ehrt einen Autor vielleicht, aber nicht so sehr die Wirklichkeit. Diese Aktualität ist keine so angenehme. Die Analogie zur McCarthy-Zeit ist ein schlimmer Aspekt unseres Lebens: die geringe Toleranz gegenüber der Abweichung, dem anders Denkenden und dessen existenzielle Vernichtung – die Tendenz zum Überwachungsstaat.*
Ein anderer bedrohlicher Aspekt ist geblieben: die denkbare Vernichtung unserer Zivilisation. Die Ursachen liegen in dem Missverhältnis zwischen den weit entwickelten Naturwissenschaften und ihrer Technologie und der Rückständigkeit in den Formen des menschlichen Zusammenlebens, die bisher entwickelt sind, im privaten und im gesellschaftlichen Leben.
Die tödliche Gefahr wird von den Menschen weitgehend verdrängt, weil sie das Gefühl haben, sie haben keinen Einfluss darauf. Aber bei jeder neu auftretenden politischen Misere bemerkt jeder mit Erschrecken seine Ohnmacht. Ich meine, da nimmt dieses Land eine besondere Stellung ein. Es scheint mir offenkundig, dass ein Atomkrieg zunächst einmal begrenzt auf dem Territorium dieses Landes ausgetragen würde. Dieses Land wäre zuerst entvölkert. Es ist schwer zu verstehen, dass das die Menschen hier so wenig bekümmert. Schließlich sind hier so an 5000 Atomraketen stationiert, und man findet das nicht ausreichend."[17]

---

17 *Materialien*, S. 279 f.

Literatur

1) Quellen

United States Atomic Energy Commission (Hrsg.), *In the Matter of J. Robert Oppenheimer*. Transcript of Hearing before Personnel Security Board, Washington D. C. April 12, 1954, through May 6, 1954, United States Government Printing Offices, Washington 1954

2) Texte

B. Brecht, *Gesammelte Werke*, 20 Bde. Frankfurt/Main, 1967 ff.

F. Dürrenmatt, *Die Physiker*, Zürich, 1962

H. Kipphardt, *Gesammelte Werke in Einzelausgaben*, hrsg. von U. Neumann, 10 Bde Reinbek 1986 ff. (darin: H. Kipphardt, I*n der Sache J. Robert Oppenheimer. Ein Stück und seine Geschichte,* Reinbek, 1990 [darin: Materialien])

H. Kipphardt, *In der Sache J. Robert Oppenheimer. Ein Stück und seine Geschichte*, Reinbek, 1990, in: *Gesammelte Werke in Einzelausgaben*, hrsg. von U. Neumann, Reinbek, 1986 ff. [Textfassung der Hamburger Aufführung von 1977 mit Berücksichtigung von zwei Änderungen für die Münchner Aufführung von 1981 und ausführliche Dokumentation der Äußerungen Kipphardts zum *Oppenheimer*-Stück und der Rezeption des Stücks]

H. Kipphardt, *In der Sache J. Robert Oppenheimer. Schauspiel,* (= edition suhrkamp 64), Frankfurt/Main: 1964 u. ö [1.–4. Auflage: Textfassung des Fernsehspiels, Untertitel E*in szenischer Bericht;* 5.–17. Auflage: Textfassung der Uraufführung; ab 18. Auflage: Textfassung der Hamburger Aufführung von 1977]
(Nach dieser Ausgabe wird zitiert.)

H. Kipphardt, *Stücke I und II*, Frankfurt/Main: 1973/74, (= edition suhrkamp 659 und 677) [*Oppenheimer* in *Stücke I*]

H. Kipphardt, *In der Sache J. Robert Oppenheimer*, in: Spectaculum, Band 7, Frankfurt: 1964, S. 197–280 [Text der Uraufführungen]

H. Kipphardt, *Theaterstücke*, 2 Bde, Köln: 1978/81 [*Oppenheimer* in Bd. 1; Textfassung der Hamburger Aufführung von 1977]

P. Weiss, *Notizen zum dokumentarischen Theater*, in: P. W., Rapporte 2, Frankfurt/Main: 1971, zit. nach Grundkurs Deutsch, Band 1

3) Zu Leben und Werk Kipphardts

L. Bartelsheimer und M. Nutz, *Materialien Heinar Kipphardt, In der Sache J. Robert Oppenheimer*, Stuttgart: 1984 *(Zitiert als Materialien.)*

F. Fasse, *Heinar Kipphardt*. *In der Sache J. Robert Oppenheimer*, München: 1988 (= Oldenbourg-Interpretationen, Band 20)

H. Gahmann, H. Kipphardt, *In der Sache J. R. Oppenheimer. Die Theatralisierung des Dokuments – ein Weg zur politischen Bewusstseinsbildung?* Deutsch. betrifft uns, H. 5 1989

U. Jenny, *In der Sache J. Robert Oppenheimer.* Uraufführung von Heinar Kipphardts Stück in Berlin und München, Theater heute, H. 11, 1964, S. 22–25

S. Lohr, *Literatur, die die Wahrheit nicht beschädigt*. Hinweise, Materialien und ein Interview mit dem Autor zu Kipphardts *In der Sache J. Robert Oppenheimer*, Praxis Deutsch, H. 39 (1980), S. 54–60

U. Massberg, *Der gespaltene Mensch. Vergleichende Interpretation der Physiker-Dramen von Brecht, Dürrenmatt und Kipp-*

hardt auf der Oberstufe, Der Deutschunterricht, 17 (1965) Heft 6, S. 56–74

E. **Neis,** *Erläuterungen zu Heinar Kipphardt, In der Sache J. Robert Oppenheimer,* Hollfeld: 6. Auflage, 1993 (= Königs Erläuterungen und Materialien, Bd. 160/61)

M. **Reich-Ranicki,** *In der Sache Oppenheimer und Kipphardt,* in: M. R.-R.: Literarisches Leben in Deutschland, München: 1965, S. 246–250

H. **Rischbieter,** *H. Kipphardt: In der Sache J. Robert Oppenheimer, Theater heute,* H. 3, 1964, S. 55

H. **Rischbieter,** *In der Sache Vilar, Theater heute,* H. 3, 1965, S. 41

G. **Rühle,** *Theater in unserer Zeit,* Frankfurt/Main: 1976

A. **Stock,** *Heinar Kipphardt in Selbstzeugnissen und Bilddokumenten,* 1987 (= rowohlts monographie, 364)

R. **Taeni,** *Heinar Kipphardt, In der Sache J. Robert Oppenheimer. Dokumentarisches Theater als Anspruch an das Publikum,* in: Das deutsche Theater vom Expressionismus bis zur Gegenwart. Interpretationen, hrsg. von M. Brauneck, Bamberg: 1970, S. 246–252

F. **van Ingen,** *Heinar Kipphardt: In der Sache J. Robert Oppenheimer,* Frankfurt: 5. Auflage, 1990

S. **Volkmann,** *Auf ideologischem Schlachtfeld. Heinar Kipphardt: In der Sache J. Robert Oppenheimer,* in: Geschichte als Schauspiel, hrsg. von W. Hinck, Frankfurt: 1981, S. 322–339 (= suhrkamp taschenbuch materialien, 2006)

M. **Wekwerth,** *In der Sache J. Robert Oppenheimer von Heinar Kipphardt,* in: M. W., Notate. Über die Arbeit des Berliner Ensembles 1956–1966, (= edition suhrkamp, 219), Frankfurt: 1967, S. 144–167

4) Sonstiges

H. Franke (Hrsg.), *Lexikon der Physik*, 2. Auflage, 2 Bde, 1959

H. Schlüter, *Grundkurs der Rhetorik*, München: 1974

5) Verfilmungen:

In der Sache J. Robert Oppenheimer. BRD 1964.
Regie: Gerhard Klingenberg.
Mit: Charles Regnier, Hans-Karl Friedrich, Carl Lange, Georg Peter Pilz, Siegfried Wischnewski.

Oppenheimer. Serie (7 Teile) für das Fernsehen. Großbritannien 1980.
Regie: Barry Davis.